特色学校聚焦丛书　丛书主编　杨四耕

为了每一个孩子的美好心愿

顾雪华 ◎ 主编

华东师范大学出版社
·上海·

图书在版编目(CIP)数据

为了每一个孩子的美好心愿/顾雪华主编. —上海：华东师范大学出版社,2021
（特色学校聚焦丛书）
ISBN 978-7-5760-1734-2

Ⅰ.①为… Ⅱ.①顾… Ⅲ.①小学-校园文化-建设-研究-上海 Ⅳ.①G627

中国版本图书馆 CIP 数据核字(2021)第 170924 号

特色学校聚焦丛书

为了每一个孩子的美好心愿

丛书主编　杨四耕
主　　编　顾雪华
责任编辑　刘　佳
项目编辑　林青荻
特约审读　王　奕
责任校对　孙伟敏　时东明
装帧设计　卢晓红

出版发行　华东师范大学出版社
社　　址　上海市中山北路 3663 号　邮编 200062
网　　址　www.ecnupress.com.cn
电　　话　021-60821666　行政传真 021-62572105
客服电话　021-62865537　门市(邮购)电话 021-62869887
地　　址　上海市中山北路 3663 号华东师范大学校内先锋路口
网　　店　http://hdsdcbs.tmall.com

印 刷 者　上海颛辉印刷厂有限公司
开　　本　787×1092　16 开
印　　张　16
字　　数　130 千字
版　　次　2021 年 9 月第 1 版
印　　次　2021 年 9 月第 1 次
书　　号　ISBN 978-7-5760-1734-2
定　　价　50.00 元

出 版 人　王　焰

(如发现本版图书有印订质量问题,请寄回本社客服中心调换或电话 021-62865537 联系)

丛 书 总 序

好学校的性格色彩

这些年，我与中小学、幼儿园有许多"亲密接触"。从这些学校中，我发现了一个"秘密"：好学校总有自己的性格色彩，总有自己的精神属性。

好学校有丰富的颜色

好学校一年四季都有风景。春天，你走进它，有各色花儿，红的像火，粉的像霞，白的像雪。夏天，你置身其中，绿草茵茵，就算骄阳似火，也有阴凉。孩子们可以踢球、打滚，可以任性。秋天，你老远就可以看到，枫叶红了，橘子黄了，婀娜多姿。冬天，你靠近它，香樟绿环绕着你，垂柳枝笼罩着你，你不会觉得单调。当然，环境的价值不在于"装扮"，而在于让心灵沉静，让生命多彩。它是生命哲学的演化，是内心深处的讴歌与赞美。法国思想家卢梭说教育的核心是"归于自然"——回归"自然状态"，回归人之原始倾向。善良总存在于纯洁的自然之中。好学校总是拥有自然的纯净与原始美，它努力让孩子们与美好相遇。静谧，美好——好学校是温润的。

好学校有足够的成色

成色是衡量一所学校教育境界的一个指标，是一所学校的"育人"含金量。如果一所学校的含金量定位为考试成绩，它的成色就是混浊的；如果一所学校的含金量定位为立德树人，它的成色就是清纯的。黎巴嫩诗人纪伯伦说过："我们已经走得太远，以至于忘记了为什么而出发。"教育是为着我们不曾拥有的过去，为着我们不曾经历的当下，为着我们不曾想到的未来。教育之原点在激发想象，而不仅仅是学习知识；教育之原点在发展理性，而不仅仅是讲授道理；教育之原点在鼓励崇高，而不仅仅是理解规范；教育之原点在丰富经历，而不仅仅是掌握技艺；教育之原点在温暖心灵，而不仅仅是强化记忆；教育之原点在强健身心，而不仅仅是发展智能；教育之原点在点亮人生，而不仅仅是预知未来。回归原点，是好学校的立场。不功利——好学校是纯粹的。

好学校有优雅的行色

优雅是让人向往的，有来源于生命本身的气质。每一个人都行色匆匆，孩子们被课业压得喘不过气来，教师被成绩比较而形成优劣阵营，这样的学校就不会是一所好学校。什么是好学校？孩子们表情舒展，教师们精神敞亮——每到一所学校，我总喜欢以这样的眼光去观察师生的生命状态。我发现，在好学校，孩子们的脸总是明晃晃的，有美好期待；教师的行色总是从容优雅，有专业自信。女孩子清新可人，男孩子风度翩翩，生命在人性层面焕发出动人光彩。一句话，每一个生命都自然而然地生长，这里有一种难以言说的气息在校园里弥漫开来、传播出去。面对此，我只能说：好学校是舒展的。

好学校有鲜明的特色

办学特色是一所学校整体呈现出来的系统性特征，集中表现在基于学校文化的课程体系。学校办得好不好，不在于规模有多大，而在于特色是否鲜明，是否有足以体现自己文化的课程架构。好学校行走在有逻辑的课程变革之路上，努力让学校课程富有倾听感，关注学生的学习需求；拥有逻辑感，建构严密的而非拼盘的课程体系；嵌入统整感，更多地以整合的方式实施而非简单地做加减法；饱含见识感，以丰富学生的学习经历为取向；提升质地感，课程建设触及课堂教学变革，课堂教学呈现出新的文化样态。一句话，好学校课程目标凸显内在生长，课程内容突出学习需求，课程结构强调系统思维，课程实施张扬生命活性，课程评价与管理彰显主体向度。好学校关注学习方式的多变性和场景性、学习时间的灵活性和可支配性、学习空间的多元性与舒适性、学习资源的丰富性和易得性，让所有的时空都成为课程场景，让孩子们学习作品的形成、展示、发布、分享成为校园里最美的景观，让时空展现出生命成长的气息和灵动。是啊，好学校有生命里最美好的记忆。

好学校有厚重的底色

厚重的底色不在于办学时间长短，而在于拥有强烈的文化自信。进入学校，我喜欢看墙上的"文字"。多年经验告诉我，文化不在墙上，很多时候，墙上的文字越多，学校的文化含量越低。道理很简单，大量文字堆放在墙上，说明这种文化还没有被老师们普遍认同，更谈不上内化于心、外化于行；说明这种文化还缺乏影响力，还没有被大众广泛接受，需要宣示和传播。一所学校是否拥有自己的教育哲学，是否拥有自己的教育信仰，是它"底色"如何的重要侧面。毫无疑问，好学校应该有自己的教育信仰。但是，教育信仰不是文字游戏，不是专家赐予的东西。信仰是从内心深处生长出来的，是从脚底下走出来的，是从指尖流淌出来的，是慢慢地生长、慢慢地走出来、慢慢地流淌出来的东西。唯有"慢慢地"才能"深深地"，"深深地"才能"牢牢地"，扎下根来，进入我们的灵魂，融入我们的血液，成为我们生命的构成，成为我们前行的力量。文化总是无言或少言，但让人作出判断和选择。好学校，你一走进去，一种向往感、追慕感、浸润感便油然而生。因此，好学校是柔软而有力的。

美国思想家梭罗在《种子的信仰》一书中把好学校比喻为"一方池

塘"，每一个孩子在其中如鱼得水，自由自在，这就是"回归自然"的状态。不是吗？好学校总是这样的——温润，纯粹，舒展，美好，柔软而有力——这也是本套丛书聚焦的一批学校的性格色彩。

杨四耕
2019年5月30日于上海市教育科学研究院

目 录

序一 —————————————————— 001
序二 —————————————————— 001

前言
让心愿自由生长 ————————————— 001

第一章
心怀愿景,做有信仰的教育 ——————— 001

◎ 校长心语
教育是一项充满生命情怀的事业 / 002
◎ 育贤叙事
共同的心愿 共同的信念 / 005
心怀愿景,见证"育贤"的成长 / 010
胸怀梦想,燃灯引路 / 013
安全保驾,为爱护航 / 016
创办那一年 / 019
逐梦远航,"育"见未来 / 021
让青春之花为"育贤"而绽放 / 024

奉献点亮人生，责任铸就梦想 / 027

以梦为马，不负韶华 / 030

三尺讲台　不忘初心 / 033

第二章
点亮心愿，办有温度的学校 ——— 037

◎ **校长心语**

用爱温润孩子的童真心灵 / 038

◎ **育贤叙事**

做一个温暖的"摆渡人" / 040

我收到了第一封来自家长的感谢信 / 044

"育"见我的六分之一 / 047

走进孩子心灵的"桥" / 050

"集章拍卖"活动引发的育"贤"故事 / 053

理解儿童，做他们的良师诤友 / 056

爱的教育，心的旅程 / 059

自理自立，我能行 / 063

花开有声，幸福成长 / 066

不抛弃，不放弃 / 069

用心守候，静待花开 / 072

用爱陪伴成长 / 075

第三章
深耕课程，育有心愿的少年 ——— 079

◎ **校长心语**

丰盈"心愿"课程，实施"心愿教育" / 080

◎ **育贤叙事**

SHOW 出"小心愿" / 085

"一宫一品",助梦成长 / 088

花木兰的征战之旅 / 091

起舞,追梦——梦精灵舞蹈队的圆梦之旅 / 094

在科技教育中与学生共成长 / 097

我和我的排球小将们 / 101

衍纸生花,美丽绽放 / 104

走出校门,孩子们的职业初体验 / 107

徜徉英语绘本 / 110

管乐队的故事 / 114

第四章
激活课堂,创有深度的学习 ———————— 117

◎ **校长心语**

以人文育生命,丰富学生成长的经历 / 118

◎ **育贤叙事**

漫漫教学路　悠悠语文情 / 121

心在课堂,梦在课堂 / 124

一方有温度的空中课堂 / 127

反复打磨,深耕课堂 / 131

"优课"磨砺促花开 / 134

我和 PBL 的故事 / 137

让每个孩子都发光 / 140

我的"亮相课" / 143

同样的课堂,不同的思考 / 146

用爱绘出温暖画卷 / 149

第五章
潜心修炼，成有理想的教师 —————— 153

◎ **校长心语**

"多元"培养，让每一位教师都出彩 / 154

◎ **育贤叙事**

丰厚教师人文底蕴的"文馨讲坛" / 157

不忘从教初心，坚守教师梦想 / 160

我和DREAM英语工作室 / 164

"小语"在成长 / 168

甘愿当好"管家" / 171

一次次"磨课"，一次次成长 / 174

修行之路长且乐 / 177

在每一次学习中成长 / 180

常记教育日记，自勉自励求进 / 183

走出去，感悟成长 / 186

研修齐聚力，且行且思共成长 / 189

第六章
遇见美好，建有活力的家园 —————— 193

◎ **校长心语**

"家、校、社"三位一体，促进学生多元发展 / 194

◎ **育贤叙事**

"育"见美好明天 / 196

家校携手，共育"心愿少年" / 199

传承贤文化，培育贤少年 / 203

过别样"六一" / 206

书香润童心，阅读伴成长 / 209

农趣在校园里发生 / 212
家校共育,为爱同行 / 215
梦想从"育贤"起航 / 218
"许"美好心愿,"植"绿色希望 / 221
职业体验,遇见未来的自己 / 224

后记 ———————————— 227

序 一

眼前的这一叠书稿，又一次勾起了我对往事的回忆。

这是一所平凡的学校，一群年轻的教师用心撰写一部不寻常的教育诗篇。他们把一个个发生在日常生活、课堂教学、实施"心愿教育"时的真实鲜活的教育事件和发人深省的动人故事，用自己手中的笔，详细而具体地叙述出来，以此来表达自己亲历时的内心体验和对教育教学的理解与感悟。这种作为行为研究成果的表述形式，就是我国教育界近年来一直倡导的一种研究方法——教育叙事研究。丰富的实践、生动的故事、精炼的思考，共同见证了一段历史。

这是一所年轻的学校。五年前，奉贤区教育局部署规划，有意创办一所家门口的公办配套学校，育贤小学应运而生。五年间，我目睹这所学校在顾雪华校长的领导下，一步步化茧成蝶。五年后，我欣喜地看到了这本别具一格的、新颖的"教育叙事"书稿，顾雪华校长邀请我为本书作序。我在荣幸之余不免欣慰与感叹，时间磨炼出了一位位优秀的教师，也打磨出了一所众望所归的优质学校。

人们常说："一个好校长就是一所好学校。"育贤小学校长顾雪华，是一位很有想法、很有主见的女校长。她早在担任奉贤区江海第三小学校长时，就不断将"精美的校园文化""精细的学校管理""精致的课堂教学"这"三精"管理理念融入到学校管理中去，使江海三小取得了长足的发展。2015年，组织上又给了她一项新任务：创办一所"高起点、高标准、高品质"的现代化全日制公办小学。这所小学就是五年前被取名为"育贤"的新学校。面对眼前的一张"白纸"，如何规划新办学校的蓝图？如何确立教育目标？基于对教育本质的深刻理解、对生命的敬畏与尊重，顾校长确立了"为了实现每一个孩子的美好心愿"的办学理念，一步一个脚印地带领师生开启了"心愿教育"之旅。这五年来，育贤小学不断实践,不断思考,不断完善,聚焦学生的发展和教师的专业成长,关注每一个学生的成长需求,点亮每一个孩子的美好心愿。课程的人文化、活动的丰富性和团队的凝结力,无一不在彰显"心愿教育"的成功,而这种成功来源于一种精神——育贤精神。

眼前这本囊括六大篇章的书稿,涵盖了"育贤人"这五年来"心愿教育"的成功之旅——从"心怀愿景,做有信仰的教育"到"点亮心愿,办有温度的学校";从"深耕课程,育有心愿的少年"到"激活课堂,创有深度的学习";从"潜心修炼,成有理想的教师"到"遇见美好,建有活力的家园"……我从中看到了"育贤"教师们对自己的定位:他们不仅是教育者,更是受教育者。从那一个个美丽而动人的教育故事中,我更看到了"育贤"教师心灵成长的轨迹,体悟到了他们在教育教学活动中的真实情感。它呈现在我面前的,是教师们丰富的经验世界。透过这一篇篇文稿,我更深切地感到,教师职业的特殊性使得教师对于学习本身更是"近水楼台"。你看,从"育贤"的顶层设计到基础的落实推进,这里有的不止是教师个人的自我修炼,整个团队也在发光发热,整体专业水平也在不断进步。古人云:"是故学然后知不足,教然后知困。知不足,然后能自反也;知困,然后能自强也。"个人与团队的交融、教师与学生们的凝结,织成了一张更为牢固的"网",这张"网"包裹着育贤精神、积聚着教育力量。这也是新时代的成长教育要求我们做到的:为每一个学生的新时代、新成长创设最适合的品质教育!

老教育家吕型伟先生曾经说过:"研究学校问题,永远离不开生动多变的教育情境。"在"办好人民满意的教育"的征途上,我满怀希望地期待"育贤"的老师们,在今后的教改实践中能站在生命的高度,进一步以自我叙事的方式来反思自己的教育教学活动,并通过反思来改进自己的行为,不断提高教育教学质量。

新时代,更要求我们深入思考教育的定位,思考如何让"新成长教育"落地生根、"实现每一个孩子的美好心愿",这是每位教师的使命。如今,奉贤教育由"资源规模、教育质量的跨越式发展"到"资源足、质量优的品质化发展"的转型已然实现,"自然、活力、和润"的南上海品质教育也正在路上。在此,我也对育贤小学寄予了厚望,殷切期望育贤小学能以五周年校庆为新的起点,秉持发展势头,与时俱进,坚持"新成长教育"

理念,为创造"新时代、新片区、奉贤美、奉贤强"的奉贤教育的新高峰贡献育贤力量。

施文龙

2020年12月9日

(作者系上海市奉贤区教育局局长)

序 二

从心开始 "育"见未来

育贤小学自2018年由上海世外教育集团实施委托管理以来,通过一系列的创新与变革,迈出了坚实的脚步,取得了骄人的成绩。从愿景谋划到理念提升,从精准扶持到高位对接,从教师发展到专家指导,从心愿课程到育贤教育,学校软实力得以不断提升,育贤师生不断成长。

用心的育贤教育,用情的育贤教师,在远离浮华的冷静里,拿起笔,记录自己的教育故事,反思自己的教育工作,表达自己的教育思想。他们把一份份情真真意切切的叙事汇编成册,在故事中回味真情,在真情中享受教育。

教育就好比老师和孩子们踏上未知的旅途,旅途中,路过哪里,去到何方,经历什么,风景如何,心情怎样,假如这一切都得到教师的尽心书写,那么这就是教育的爱。如歌德所说:"一个人只会去学习了解他所爱的,了解的知识越深刻、越丰富,他的爱就越强烈、越鲜明,确切地说是激情。"这本集子,汇聚了老师们一路走来的思索与心得。这些文字,是来自一线老师的真实体验和感悟。这才是真正的财富——有想法就有探索,有探索就有发展,有发展就有未来。翻看着育贤故事,一种难以遏止的欣喜与感动在心底流淌。欣喜的是看到了老师们的成长,感动的是我近距离触摸到了老师们的付出。

教书育人,读书育己,写书育世,老师们将自己对教育教学的探索与思考、成败与得失撷取下来,连缀成文,相互学习与激励,相互借鉴与促进,以期共享资源,共同进步,这便汇成了这本文集的内容。育贤故事,讲述的是老师们自己的故事,通过叙事反思记录着自己的工作,也发展着自己的思想。六个章节,62篇故事,汇聚成《为了每一个孩子的美好心愿》,每一篇作品都隐含了老师们对教育教学的理解、老师们自己的体验与感悟。

　　读着文集中一篇篇稿件,能感受到老师们谆谆育人的脉动,能感受到老师们伏案疾书的身姿,能感受到老师们凝神思索的倩影——教育是一门艺术,是一种智慧,是一项智者的工作;教育无时不在,无处不在,学校无小事,事事是教育,只要有心,生活中处处充满教育,就像处处充满美一样。

　　积沙成塔,集腋成裘,集小流终成江海。这本文集不是育贤教育的光荣榜,而是育贤人曾经发生的鲜活的故事。每一份作品,都可以视为教师内心深处的一种"投射",这些作品留住了精彩,因为它们记录下了某些细微的感动。一份份浓浓的爱意、一盏盏点亮未来的灯、一束束温暖的光,都源于平日的记录。生动的故事,记录的是和孩子们朝夕相处的那些时光,折射的是教师的责任与理想,蕴藏着教师的智慧与情怀。这本文集,是记忆的整合、理念的碰撞、灵感的源泉。它凝聚了各位老师辛勤教育、潜心研究的点点心血,映现出育贤人求索、奋进、创新的风采。我相信,这本书,这些故事,还在不断地续写之中。

　　掩卷而思,教育叙事表面上看来只是讲述教师自己的故事,实际上,教育叙事的真实目的是让讲故事的人反思自己的教育教学细节,并通过对细节的反思来提升教育教学的有效性。故事在被写下的同时获得了生命,从普遍意义上给人以反省,予人以启迪,施人以力量。写下就是体验,写下就是反思,写下就是研究,写下就是——永恒。教育故事的核心价值,不是能够快速实现某种教育目标,而是能使教育人的灵魂更丰富、微妙和诗意,使其更加领会教育、智慧与爱的真谛。

　　不积跬步,无以至千里;不积小流,无以成江海。相信育贤人会在一点一点的积累、反思中不断成长,育贤人一定能在今后的道路上迈得更稳,铸造更加辉煌的明天,创造更加美好的未来!

　　一本书是有生命的,它能够点燃心中的梦想;一本书是有情感的,它能够唤醒人的心灵;一本书是有温度的,它能够传递教育情怀。冰心老人曾讲过这么一句话:情在左,爱在右,走在生命路的两旁,随时撒种,随时开花。我相信,在这本书里,你将读到的不仅是丰盈的叙事,更是一种感动穿越内心。也期许未来有更多的有心的老师，能把握生命的感动。未来不是我们要去的地方，而是我们共同创造的地方。未来，因教育而来！

  是为序。

徐俭

2021 年 3 月 7 日

（作者系上海世外教育集团总裁）

前　言

让心愿自由生长

上海市奉贤区育贤小学创建于2015年9月，接受任命之时，我常叩问自己：我们要办一所怎样的学校？要培养什么样的人？怎样培养人？如何做到"办一所成一所"，办好家门口的学校？……一个个问题时常萦绕在脑海。学校地处奉贤，建校之初又恰逢奉贤区推进教育综合改革，凸显"贤文化"整体育人特色，故学校被命名为"育贤"。立德树人、培育新时代"小贤人"，便成了我们的教育使命。五年来，从校名确立到理念明晰，从愿景描绘到规划引领，从孩子心愿到教师理想，育贤留下串串成长印记，也收获累累果实。

回眸，启航梦

心愿引领，办一所家门口的好学校。创办之初，学校确立了"为了实现每一个孩子的美好心愿"的办学理念及"养贤明之德，育贤达之人"的办学宗旨。学校以"心愿文化"为主线，把办学理念与"三风一训"融入校园文化建设，不断赋予校园环境更多彩、更丰厚的人文内涵和文化底蕴；把"心愿教育"作为学校办学的内核，用"心愿教育"润泽孩子的心灵，呵护孩子的美好心愿，让心愿自由生长；用"心愿管理"激发教师工作热情，努力办好家门口的学校，让学校成为环境优美的温馨家园、快乐学习的启智学园、尽情体验的成长乐园、诸育融合的五彩校园。

五年来，学校发展得到了社会、同行及家长们的高度认可，学校荣获全国校园足球特色学校、上海市家庭教育示范校、上海市"一校多品"实验校、上海市安全文明校园、上海市中小学中华传统文化经典诵读十佳学校、区"水天一色"最美校园等称号。学校在区"七彩成长"家长、师生满意度测评中位居前列。

课程变革,让小心愿课程落地生根。五年来,学校依据"上海率先实现教育现代化"的总体目标定位,聚焦区教育综合改革的要求,坚定不移地推进学校的课程变革,以学生发展为根本,坚持五育并举、诸育融合,促进学生学习素养与学习需求的协调发展,让每一个孩子都学有所乐、学有所成。

创办之初,学校即确立了"我有一个小小心愿"的课程理念,架构了"六小心愿"课程体系;指导全体教师寻找课程坐标,研发课程,编写《课程纲要》;开展学校龙头课题《基于组织文化模型的3.0学校课程变革研究》这一区级重点课题的研究,在该课题的实践引领下,学校办学品质不断提升,特色课程也在不断涌现,《炫动足球》《衍纸变变变》《尚贤皮影》《少儿模特》等获区特色课程或共享课程荣誉,学生的课程活动成果在区、市级乃至全国层面获得众多奖项,如孩子们在"市少儿模特风采展示活动"中连续三年荣获市特等奖,排球小将们在"市第十六届运动会"中荣获排球 U9 女子一等奖等。

五年来,我们致力于建构馨香四溢的"心愿课堂",推进基础型课程的有效实施;我们致力于开发"1+X"学科课程群,落实校本特色课程的创新实施;我们致力于创建"心愿活动"平台,开展"我有一个小小心愿"系列活动。"六小心愿"课程体系的架构与实施丰富了孩子的学习经历,丰满了教师的教学智慧,丰盈了我们的教育梦想!

多措并举,让每一位教师都出彩。学校教师队伍相对比较年轻,尤其是存在职初教师占比高、区学科骨干教师缺乏、管理成员新手多、新调入的教师需要文化融合等问题。针对这些现状,我们围绕一个中心——"育贤达之人",制定了两个计划——"壮干强枝"和"枝繁叶茂"计划。

"壮干强枝"计划主要针对管理团队,通过专题学习、浸润式培训等活动,提升他们的管理效能,打造一支团结、务实、高效的智慧管理团队;"枝繁叶茂"计划主要针对教师队伍,通过双轨带教、分层培养、校本培训等方式,提升教师的专业素养,培养一支爱岗、敬业、能干的幸福教师队伍。学校围绕这两个计划,期望实现这三个培养目标:凝聚管理团队,使他们高位引领、独当一面;打造骨干队伍,使他们形成特色、示范辐射;培养青年教师，使他们尽快成熟、站稳讲台，为每一位教师搭建成长的舞台，提供出彩的机会。

目前，学校已拥有高级教师3人，区名教师1人，区级以上骨干教师16人，区学科中心组成员3人。五年来，教师获奖区级以上者达100多人次，青年教师队伍正逐渐走向成熟，如戴嘉俊、张佳婕在上海市见习期教师基本功大赛中荣获市二等奖，翁薇荣获上海市信息化展示活动三等奖，潘姿屹荣获上海市健康教育示范课三等奖等。

感恩，催奋进

回望"十三五"学校发展历程，区域教育综合改革为学校品质发展注入活力：集团化办学，使学校在建校之初就能借力发展、高位启航；奉贤区"贤文化"整体育人"三大工程"，使学校育人目标更清晰，激发每一个孩子的成长活力；教育局"星光"与"支点"计划的实施，使学校的课程设施更完备、"心愿"学习空间更宽广，让教室不再是唯一的学习场所，使学习无处不在，学校也因此取得了长足的发展。

回首来路，我们在忙碌中频频驻足，品味着工作中的每一次成长，我们希望用最本真却又充满活力的教育，在孩子们的心中埋下美好的种子，只待这些种子在时光中慢慢地开花、结果，让无数有生命活力的孩子去实践我们伟大的中国梦——这就是我们的"初心"。

在这里，我们明晰自己前行的方向；在这里，我们体味团队合作的热情；在这里，我们点亮师生的美好心愿！追求永无止境，美好的愿景让我们斗志昂扬，驾驶着"育贤"这艘满载师生心愿的小船，我们悄然成长！

归零，再出发

站在新时代的历史方位，如何找准学校"十四五"发展的坐标，明确目标设定及重点任务，正是每一位校长要深度思考的。未来五年，我们要对照上海基础教育"十四五"：从"现代化"到"高品质"；要认真解读《奉贤区关于全面建设南上海品质教育区的若干意见》，聚焦新时代的成长教育要求，借助区"品牌"计划的实施，做强"心愿教育"，努力培植教育特色，为每一个孩子的新时代成长搭建更好的教育平台；也要提升教师教育境界，让每一位教师专业化发展落地。

以贤育人，凸显"心愿教育"品牌。我们将进一步优化办学目标：构建以"贤文化"为内核的"心愿教育"实践体系，办一所有温度的学校；传承"贤文化"，培育"小贤人"，使每一个孩子成为明事理、爱学习、乐运动、会审美、勤实践的全面发展的"心愿少年"；特色学科和特色育人项目在市域内有一定的影响力；让学校成为学生快乐成长、教师乐业育人、家长满意、社会赞誉的"家门口"优质学校。

以贤施教，培育"贤达教师"团队。对照新时代的成长教育要求，学校将努力打造一支有敬业精神、专业智慧、乐业情怀的"贤达教师"团队，建设一支结构优化、梯次分明、可持续发展的高素质教师团队。未来五年，学校将继续实施"壮干强枝"计划，加强对各层次教师的培养力度，探寻教师专业成长发展路径，为教师专业化发展搭建平台，助推青年教师、培育骨干教师、锤炼管理团队、聚焦全员发展，进一步提升教师职业幸福指数，积极创建"区教师专业发展优秀校"。

以劳育贤，深化"五育并举"体系。学校将以劳动教育为突破口，建构完善的劳动教育课程体系，将劳动教育全方位融入到"六小心愿"课程体系的每一个课程群，将课程设置、课程内容与学生的生活实践紧密联系，将课程实施、课程评价与学生的综合素养培育有机整合，将劳动教育融入"四育"之中，达成以劳树德、以劳增智、以劳健体、以劳育美、以劳创新的整体育人目标，深化"五育并举"。学校将结合奉贤独有的"贤文化"底蕴以及地处郊区所特有的绿色文化优势，不断探索与创新劳动教育实施路径，将劳动教育与课程活动、基地实践、职业体验与创新教育相结合，家、校、社联动，融入学生成长的全过程。

新时代、新成长，"为了实现每一个孩子的美好心愿"是育贤人的幸福所在，全体育贤人，将牢固树立成长教育理念，让"心愿文化"充盈校园生活，使"心愿团队"做得风生水起，把"心愿课堂"变得香气四溢，用"心愿教育"撬动学校发展。我们坚信：路虽远，行则将至；事虽难，做则必成！心若在，梦就在；用心灌溉，梦想终会春暖花开！

（文/顾雪华）

第一章
心怀愿景,做有信仰的教育

教育的真谛在于激发生命,传递生命的气息。教育是心愿的事业。我们怀揣理想,一棵树摇动另一棵树,一朵云推动另一朵云,让教育富有生命情怀。做有信仰的教育、给予儿童生命成长的力量,是我们不变的初心。每一个脚步、每一项举措,都在用我们的智慧和激情,让教育奏响生命之歌。

校长心语

教育是一项充满生命情怀的事业

教育,是一项充满生命情怀的事业。作为教育工作者,应当将教育上升到生命的高度,用满腔的激情,去不断润泽和协助孩子们的生命成长,让每一个孩子都焕发出生命的光彩,这才是我们肩负的教育使命。

2015年,组织上提出要创办一所名为"育贤"的"三高"新学校,即要创建一所高起点、高标准、高品质的现代化全日制公办小学。

这是一张白纸,那如何才能画出最新、最美的图画呢?

面对这"三高"要求,我们苦苦思索。这时,一个个问题呈现在我们的面前:

——要创办一所什么样的学校,"高"在何处?

——我们要给孩子带来什么样的教育?

——我们要为社会培养什么样的人才?

……

这一系列的问题,时时在叩击着我们的心田。

从古至今,教育的真谛一直是人们讨论的话题。什么是教育?中外的教育家、思想家都有自己的见解。古人云:"大学之道,在明明德,在亲民,在止于至善。"蒙台梭利则说:"教育就是激发生命,充实生命,协助孩子们用自己的力量生存下去,并帮助他们发展这种精神。"什么是教育?在创"育贤"之初,这个问题时时萦绕在我们心中。在无比纷杂的理论和声音背后,教育必定有它亘古不变的灵魂,那就是我们应该要抓住的教育本质,应当将教育上升到生命的高度,让教育充满生命情怀,用教育的温度不断润泽师生的生命成长。

基于对教育本质的深刻理解,基于对生命的敬畏与尊重,学校团队经过一次次切磋商讨、一次次推敲论证、一次次听取专家意见,终于达成共识：要呵护每一个孩子的美好梦想，把"为了实现每一个孩子的美好心愿"作为学校的办学理念，把"明理育贤"校训、"崇真崇信、致和致远"校风、"修德修业、求实求新"教风以及"善学善思、自律自励"学风相融合，支撑、引领着"育贤"人去追求更高、更远的教育理想，去构建最美好、最幸福的生命乐园和精神家园。我们以培育"心愿少年"为己任，厘定了"明事理，种心愿；爱学习，长心愿；乐运动，强心愿；会审美，亮心愿；勤实践，圆心愿"的育人目标。

于是，我们开启了"心愿教育"之旅。

我们坚信，教育是心愿的事业；

我们坚信，学校是心愿成长的地方；

我们坚信，每一个孩子都拥有美好的心愿；

我们坚信，每一个心愿都是那么的烂漫与纯粹；

我们坚信，帮助每一个孩子实现心愿是教师的幸福所在！

这一教育信条，蕴含着我们的教育观、学校观、儿童观、心愿观、教师幸福观，也是我们建构学校课程的指导思想，是我们打造特色办学的方法论。

时至今日，学校经历了紧张而有序的五年，一路走来，我们不断实践、不断思考、不断完善。我们致力于关注每个教师的成长需求，点亮每个教师的美好心愿，让育贤小学这朵美丽的玉兰花绽放在奉贤南桥城区。我们时时致力于关注每一个孩子的成长需求，成就每一个孩子的美好心愿，我们要求每一位教职员工将这一要求作为我们共同的教育目标。

这五年来，"育贤"人正是怀着这不一样的办学理念，在"育贤"这张白纸上描绘我们心中的教育蓝图。环境，是教育的无声语言。我们努力从各方面营造充满生命情怀、充满活力的校园文化氛围——那充满艺术气息的"心愿大厅"，那满载梦想的"心愿列车"，还有那启迪智慧的"心愿墙"等，无一不让所有进入校园的师生感受浓浓的"心愿文化"。

尽管，那温馨教室里讨论的是相同的主题，但在"学校是心愿生长的地方"这一教育信条的指引下，展露的却是不一样的幸福和笑靥。教室是"家",更是孩子展露个性的舞台……

这充满生命情怀有教育温度的校园,怎能不让我们的老师和孩子们都爱上学校、爱上学习、爱上生活!

(文/顾雪华)

育贤叙事

共同的心愿　共同的信念

  2014年11月初,怀揣着好奇、期待的心情,我随顾校长来到环城西路上一片搭满脚手架的工地。工地上一派繁忙景象,工人师傅们用力呼喝的号子声、空气中混杂的尘土味道让我觉得脚下的土地火热而激情,瞬间驱赶走了初秋的凉意,恰如即将破土的幼苗,充满着生的力量。那是我第一次踏上"育贤"的土地。自此以后,我便和这里的一砖一瓦、一草一木结下了不解之缘。于是,我们的故事就从一双高跟鞋开始了。

一双高跟鞋

当时正在施工中的学校,到处是钢筋水泥,没有办公地点。我和校长便手拿图纸和卷尺,穿梭于正在施工的每一个角落。现场各种机器的轰鸣嘈杂声中,"哒哒哒",我们高跟鞋走过的声音也日复一日地响着,风雨无阻,从未停歇。我们用双脚丈量着脚下的土地,追逐着心中的梦想。心愿大厅如何设计,教室、专用室如何安排,中庭如何布局,带着这些问题我们一遍遍测量、一遍遍勘察,一走就是几个小时,穿着高跟鞋的脚又痛又酸,就这样历经无数次,最终我们有了颇具特色又美丽大方的心愿大厅,安排合理且设备完善的各种专用室……

到了挑选楼道墙砖的时候,为了学校整体色调的和谐统一,我们反复对比商讨,决定使用蓝色和紫色的墙砖,但是因为成本等各种问题,建筑方建议使用普通墙砖,可我们仍坚持自己的意见,双方僵持不下。成本太高,那我们就去寻找合适的厂家定制。于是,校长便带着我,拿着色卡,踏上了这条执着之路。"哒哒哒""哒哒哒",在几乎跑遍了全上海所有的建材市场、找遍了所有门店的墙砖后,终于,功夫不负有心人,我们找到了一家符合要求的厂商。就这样,我们如愿拥有了"育贤"特色紫色和蓝色的墙砖。

由于长时间在工地奔波,终于有一天,高跟鞋被踩坏了,鞋虽然坏了,但是它走遍了学校的每一个角角落落,见证了学校从无到有、从有到精的每一个过程。

这一路,我们勇往直前、披荆斩棘,只因笃信心中那个美好的心愿。

一张餐巾纸

学校主体建筑逐渐在完善,同时学校的VI设计也在紧张有序地进行。这个过程中,logo的设计过程让人尤其难忘。

很早以前,对于logo的设计,校长就已经初具想法,在进行交流探讨后,按照这个思路,我和设计师进行了多轮对接。可是设计了几十稿,都达不到我们预想的效果。眼看着开学时间越来越近,logo方案必须马上敲定！于是，在一个周六的下午，我和顾校长、张菊英老师、钱莉莉老师、季锦华老师等在工地加完班，一起用餐的时候，大家又习惯性地讨论起了 logo 的设计。

"整体线条应该流畅些，要呈现出蓬勃向上的感觉。"

"加入剪影的元素是不是更好些？"

……

就这样，大家各抒己见，热烈地讨论起来。最终，当所有人统一了观点，思路都聚焦到同一个点的时候，logo 设计方案呼之欲出。可是手里没有笔也没有纸，情急之下，校长随手抄起一张餐巾纸，拿起点餐的水笔，行云流水地画了起来。现场静悄悄的，大家都屏住呼吸、聚精会神地看着校长画出的每一笔，焦急地等待着。快了，快了，我们理想中的 logo 马上就要成型了！终于，最后一笔勾勒完毕，看着在餐巾纸上创作完成的 logo 时，大家情不自禁纷纷抚掌称是，是的，这就是我们想要的效果！logo 的整体形态像一朵含苞待放的玉兰花，预示着学校将在奉贤教育的蓝天下蓬勃向上、花香四溢。

于是，在一张普普通通的餐巾纸上，logo 诞生了。

这一路，我们凝心聚力、坚持不懈，只为守望心中那个美好的心愿。

一杯清茶水

办学理念已经确立，可是校风、教风、学风、校训这些纲领性的内容还没有明确。为了仔细推敲这些，我们开展了一场高质量的头脑风暴。

一个周六下午，校长带着钱老师、张老师和我驱车来到召稼楼与学校顾问张校长碰面。在一家茶楼的小隔间里，我们一人一个笔记本，一人一杯清茶水，围坐在一起开始了思维的碰撞。

那是个天气微热的下午，小茶楼的空气里夹杂着淡淡的湿气，大家眉头微锁，现场弥漫着紧张的气氛。每个人的思绪在高速运转，为了"三风一训"绞尽脑汁。

"校训是一所学校的灵魂，是人文精神的高度凝练。"

"读书为明理，明理即修身，修身为做人。明理作为校训可好？"

……

就这样,我们反复推敲,精打细磨,经过一个下午的激烈讨论,学校的"三风一训"终于被确定了,即:

校训:明理　育贤

校风:崇真　崇信　致和　致远

教风:修德　修业　求实　求新

学风:善学　善思　自律　自励

一瞬间,大家长舒一口气,眉头终于舒展开来,这时候才发现我们讨论得如此激烈,摆在我们面前的茶水竟然动也没动。大家会心一笑,纷纷端起茶杯。哈!那一杯清茶水无比香甜。

2015年9月1日是个难忘的日子,在学校落成典礼上,我站在报告厅最后一排,端着相机,想把这成功的一刻定格。看着眼前的盛况,感受着周遭的喜悦,回想起创办过程中艰辛的点点滴滴,泪水不禁从脸庞划过。这泪水中,有对过往艰难困苦的挥别与感怀,有对当前美丽校园的激动和雀跃,更有对未来蓬勃发展的憧憬与期待。

这一路,我们意气风发,斗志昂扬,只因执着于心中那个美好心愿。

一个行政组

伴随着学校的落成,育贤小学行政组也应运而生。作为学校的管理团队,我们每个人都以高度的主人翁责任意识、卓越的劳动创造、忘我的拼搏奉献为学校建设贡献着自己的力量。行政组也是一个温暖的大家庭,工作中,我们携手并肩,精诚团结,补台不拆台;生活中,我们相亲相爱,情同手足,交心不多心。五年来,每当任务来临,行政组每一个人都主动作为,靠前工作,校长室、书记室、课程部、学生部、保障部齐齐上阵,确保一个个问题得以解决、一个个节点稳步推进。

2018年12月12日,对于每一个育贤人来说都是不平凡的一天,几年来我们孜孜不倦的努力、勤勤恳恳的付出、无怨无悔的奉献在这场校庆活动的圆满举办中得到了最完美的诠释。校长作为活动的总负责人,连续十几天加班到深夜,与各个项目组一起,事无巨细地落实每一个环节,不厌其烦地打磨每一个细节,在因操劳过度而导致身体抱恙后,她却依然坚守在指挥岗位,扎根在活动一线;陈立、张菊英老师身兼诗歌朗诵组和课程展示组负责人,工作本就繁重,但除了本职工作,他们还主动承担起课堂教学展示任务。不仅如此,活动筹备期间,正值2018年中级职称课堂教学评审,两位老师在筹备工作之余,更是尽心尽力帮助学科老师准备评审课到深夜,熬红了双眼,他们依然坚守;季锦华、范芳芳老师身在会务组,却用火热的工作热情,承担着救火队员的繁杂工作,哪里需要,他们随时应声支援,活动举办前的休息日,全体组员舍弃休息,自发加班,在各自的岗位,平稳有序地推进每一项工作。

一分耕耘一分收获,辛勤的汗水最终换来收获的喜悦:

五年来,在行政组的带领下,学校相继获得了全国"校园足球特色校"、市安全文明校园、市经典诵读"十佳特色学校"、市"家庭示范教育示范校"、区"和润教育发展奖"、区文明校园、区信息化优秀校等诸多荣誉;团队成员也先后在各项评选中荣获区优秀骨干校长、区名教师、区优秀骨干教师、区优秀青年教师、区园丁奖、区师德先进个人等荣誉称号……

一个忙碌的团队,一个温馨的集体,不同的性格却有共同的信念,不同的年龄却有着共同的心愿。

这一路,我们乘风破浪、扬帆起航,只为坚守心中那个美好心愿。

为了心愿,一双高跟鞋下见证了先锋的奋进与奉献;

为了心愿,一张餐巾纸上描绘了团队的智慧与激情;

为了心愿,一杯清茶水里孕育出育贤的根基与灵魂;

为了心愿,一个行政组中抒写着教育的情怀与执念。

(文/李婷)

心怀愿景,见证"育贤"的成长

2014年10月,我和顾雪华校长站在一片杂草与芦苇的共生之地,看着塔吊忙碌地旋转,听着建筑机械的轰鸣,想象着育贤未来的蓝图;2020年10月,我站在育贤小学高端大气的教学楼前,聆听着校园内朗朗的读书声,凝视着人来车往的九华路,不禁感慨万千。

一所学校的建筑构成、空间布局、流线组织、色彩和环境组成了它的外观。一所学校的空间环境是否符合需求直接影响到学校的办学品质与理念的落实与否。当时,我们将校园整体效果图、建筑平面图一一张贴在夹芯板墙上,以便随时查看,及时了解工程动态。"育贤"的顾问,70岁的张治校长常用他对教育的领悟,提出有深度的理念与思路。在他的协助下,各楼层功能分布、教室安排设置与预设效果既有理念的界定,又有细节的规范。由此,早在建设初期,我们就已完成了二楼艺术层、三楼科技层、四楼人文层、超大平方图书馆等各功能的区域定位。

人们常说,一所学校的入口,就是它的门面担当。原有的校门设计,

正对着大厅北窗口处,与建筑相隔很近,之间只距有一条消防通道。校门很小,不利于早晚高峰大量学生的进出,而且存在着一定的安全隐患。因此,我们迅速调整方案,向教育局领导汇报当前问题以及解决问题的思考。有些设计的变动,需要经过多部门的批准,因而,我们时刻与建设方保持密切沟通,请设计所专家现场研讨、论证,经过反复的查看、核实,最后校门获批往东推进7.5米。事实证明,当前的校门设计安全、美观、实用,提升了学校的形象。

如今的育贤小学,校园建筑布局合理、色调鲜明、环境优美,处处洋溢浓厚的育人氛围,以优质的生态环境实现人与自然的和谐共存,营造具有活力与文化氛围的校园环境,实现环境育人的作用。"飞翔"雕塑、文化石、玉兰大道、中厅亭台、景观小景、屋顶绿化以及人文小品,处处体现着和谐、雅趣。

当你走进心愿大厅,你会听见钢琴弹奏着的美妙乐曲。还记得原有的心愿大厅为砖墙与铝合金结合的样式,钢琴区为单独小房间,如此设计,大厅面积狭长,光线暗淡,身在其中会充满压抑感。改变,是我们必须完成的使命!一个个思考、一张张草图、一次次否定、一步步修改,终于,我们脸上露出了久违的笑容!我们将西墙改为落地玻璃,加强采光度,通透的大厅与中亭形成了人景融合的效果。同时打通隔断,划分钢琴区域,预留鱼缸空间。今天的心愿大厅里,白色钢琴的艺术氛围与锦鲤池的灵动气息动静相合、相得益彰。

在这里,一砖一瓦都在诉说着故事。校园里瓷砖的使用是大量的,而建设方选用的一律是土黄色的瓷砖,凸显不出整体的美感。为达到瓷砖品质,顾校长亲自开着车走遍奉贤、闵行、浦东各大建材市场,购买样品瓷砖,经过现场实效比对、反复挑选,最终将样品送到了供货方的手中。

当时的演艺中心舞台很小,不够学生展现风采;当时的自然、美术等专用教室内讲台台阶容易使人绊倒、教室窗台高度不达标存在安全隐患;当时的教师办公室空间小,紧靠柜机不利于健康,空调噪音会影响上课;当时的学生课桌椅质量与款式不合要求……而这一切如今都已经不是问题。因为对校园整体的规划与细节的坚持,我们是认真的。为了共同创造精品,我们与建设方时而和风细雨地协商,时而面红耳赤地坚持己见，互不相让。正是那份执着，才让我们今天的校园更加宜人。

2015年7月，"育贤"的21名教师全部到岗。作为"育贤"的元老们，我们是辛苦的，曾一次次搬桌子、扛椅子，一次次扫地、擦窗、清洗，也一次次为了完美，执着每一个细节，挥洒着汗水。我们又是幸福的，因为我们参与了"育贤"的创建，见证了"育贤"的成长，欣赏了她的每次绽放！

一个优秀的团队将使工作事半功倍。我们的后勤工作很平凡又琐碎，既要做好常规，又要及时处理突发性的工作。因此，建立一支稳定团结、具有主人翁意识的后勤保障队伍尤为重要。如何凝聚后勤团队，使其始终保持工作的主动性，逐步形成团队良性的自我管理机制，一直是我们思考并努力的方向。如教育工会、教育学院、区团工委、少年宫等在我校举办各类活动，百人进出，涉及环境卫生、校园安全、午餐配送等方方面面，对我们来说都是考验。主办方的认可，是对我校后勤保障工作最好的评价。

育贤是一所新校，有很多的优势，但这也对后勤工作提出了更高的要求，五岁的"育贤"，在成长，更在蜕变。我想在今后的工作中，要加强与部门、与新技术的联动与结合。如食堂精细管理与德育结合，探索午餐的创新管理，将素质教育带到餐桌，从"食安"到"食欲"再养成"食育"的效果；日常管理与教育信息化相结合，通过信息化技术快速了解、及时处理问题，不断提升后勤服务的质与效。

一路学习、一路摸索、一路前行，育贤小学综合保障部在后勤精细管理道路上永不停步！

（文/季锦华）

胸怀梦想,燃灯引路

这是我从教路上的一个新起点。

2015年2月2日,源于一种对梦想的追求,我走进了"育贤"。不过,那天的"育贤"严格来说还不能被称为"校园",我戴上建筑工地的头盔,徜徉在正在"长高"的建筑群里。但在李婷满怀憧憬的介绍下,我的眼前浮现了未来孩子们在美丽的育贤校园里欢快奔跑的场景:"这里是未来的校园电视台,这里是我们今后师生聆听讲座、举行大型活动的场所……"我的耳朵听到了孩子们清脆悦耳的读书声,我的内心已感受到了与未来同事们积极研讨、提交一份又一份满意答卷的喜悦……

2015年9月1日,对我们育贤全体师生来说意义非凡,这是我们第一次向社会正式发声的大喜之日!

这一天,空旷的校园里第一次有了孩子们的欢声笑语;这一天,育贤

校歌《梦想启航》第一次在全网发布；这一天，演艺中心内优雅的舞姿、流淌的琴声、时而激昂时而婉转的朗诵吸引眼球……

现场掌声不断、家长们情不自禁地起身摄影、摄像，领导嘉宾们不停地点头赞叹……我们可以自豪地说，落成暨开学典礼活动是成功的，这一声铿锵有力的开场音，预示着我们"育贤"未来在办人民满意的教育之路上的每一步，都走得坚定有力、精彩纷呈！

然而，我们当时仅有18位教师，是如何在完成新学校开学各类准备工作的同时，还要撑起一台落成暨开学典礼活动的呢？时间怎么安排？具体怎么分工？如何做到各项工作不耽误？怎么确定典礼主持人、表演节目的学生？一个个问号在我们脑海里出现。使命在肩，我们分工合作。为了不影响大家原来的开学准备工作节奏，我先设计典礼活动的流程，设计完成后，每个环节在我的脑海里一遍遍地过，确认没有问题后提交校长研究讨论，最终方案确定后召集老师召开协调会议。

大家领到任务后，各司其职、积极准备：班主任上门家访时，用慧眼观察，挖掘有主持、表演天赋的学生；音乐老师编排适合学生特点的节目，让每一个跃跃欲试的学生都有上舞台表演的机会；团员教师们边打扫卫生边背朗诵稿……空调还没有调试好，排练一身汗——没关系，擦干汗水继续练习；校歌录制没有专业设备，怕影响效果——没关系，赶几趟公交，联系市区录音棚。为了教师朗诵的节目质量，我们加班加点修改稿子、练习走位和表情；为了确保每一个音的完美，我们已记不清驻扎在录音棚多少个白天和黑夜……有节目任务的老师排练节目，其他老师负责搬桌椅、调整办公室、环境布置等，我们分工不分家，齐心协力，心中只有一个信念：开好第一次门，办好第一场活动，让全社会见证"育贤"效率！

从第一次方案制定到典礼活动的呈现，期间，经历了多次方案的调整和协调，目的是让每一位教师明确自己的职责，更好地完成任务。

为了使舞台展示达到最好的效果，我一有空就思考，拿笔记录台词的分配、舞台的走位、道具的摆放、灯光的配置、人员的调动、服装的搭配等，通过现场纠正、示范、指导、反复排练，达到了很好的舞台效果。同时，在活动开始之前，对每一位教师有着明确的分工和要求，所以在具体实施的过程中，大家在台前幕后各司其职，坚持标准，不放松，提高了工作效率和质量,做到零误差。教师们在"高标准、严要求"的职责和任务下,确保了本次活动顺利、圆满进行,提升了活动的品质。

如果说典礼活动的成功背后,教师和学生的付出令人惊叹,那么家长的支持也功不可没。我们在最短的时间内,组建了一支热心公益、视校如家的家长志愿者队伍,他们是学校大型活动开展的坚强后盾,是展示更完美活动效果的有力推动者。

学校第一次向社会亮相,光靠 18 位教师的力量是远远不够的,正是家长的支持,让活动的开展更显有序。

活动前一天,家长志愿者们已经来到学校参与"试运转",熟悉自己的点位任务,协助老师做了很多会场准备工作;活动当天,他们有的早早地来到教室,帮孩子们化上精致的妆容;有的到达自己的岗位,当起了"引导员";有的守护在舞台后侧、更衣室,等待节目演出过程中赶来为下一个节目换装的小演员们,从第一次彩排到正式演出,他们从不缺席。一次次的操练中,他们给小演员更衣的速度提升几倍,因此正式演出过程中节目紧凑衔接,他们有着极大的功劳。

是教师的智慧、学生的投入、家长的支持,让"育贤"这颗种子生根、发芽。时光的年轮已从 2015 走进 2020,五年风霜雨雪的浇灌,让育贤这株"幼苗"从稚嫩走向成熟。

一路走来,我们的步伐是坚定的,我们的斗志是昂扬的。五年的光阴弹指一挥间,而我,也从"而立"奔向了"不惑之年",愿我们坚守初心,践行使命,在下一个五年里,为了心中的梦想继续勇敢前行……

(文/张菊英)

安全保驾,为爱护航

2020年,是我教育生涯的第40年,回望这40年,奉贤教育一路走来,逐渐打造南上海品质教育。育贤小学就创办于教育局加快基础教育均衡化、优质化进程的背景下,五年来,在全体育贤人的努力下,学校从"新"到"精",从"精"到"优",逐渐成长为一所区优质学校。而我,有缘见证了育贤小学逐渐壮大的历程。2016年7月,我接受组织安排由保障中心调入育贤小学,担任副校长一职,分管后勤保障与安全工作。对一所学校而言,教学和德育犹如一对双翼,让学校展翅翱翔,而安全就在为这一切默默保驾护航。

安全,是金,是基石,创建平安校园,优化育人环境,为师生创造一个平安、文明、和谐的环境,让孩子们"高高兴兴上学、平平安安回家",这不仅是家长的心声,更是学校的责任。从接管学校安全工作的第一天起,如何开展安全、如何保障安全成为压在我心头沉甸甸的担子。记得有一次放学看护时,我和一青年教师探讨:过去的社会相对简单,校园安全事

故也相对没有如今复杂，而如今社会在高速发展，为我们带来便利的同时也增加了更多的安全隐患，这就对如今的校园安全防控提出了更高的要求。为了搞好这项工作，我读资料、查规范，确保自己的安全管理知识常学常新，使安全管理能力稳步提升。在不断学习与实践过程中，我逐渐摸索与总结出一套安全管理的方法。

"预防"，永远是安全工作的重中之重。《礼记·中庸》中说道："凡事预则立，不预则废。"妥善的事前准备永远是最佳的途径，对于安全工作而言尤其如此。安全工作严之慎之，没有机会试错。因此，"预"是核心，"防"是手段。今年春节，一场疫情突袭荆楚大地。肆虐的新冠病毒、严峻的防控形势，牵动着千家万户的心。疫情爆发之初，作为学校安全部门，我精准判断，敏锐地察觉到防疫物资可能全面短缺的安全隐患。为此，我一方面向上级反映、申请，一方面主动对接筹措，想尽一切办法筹备物资，为后续一系列防疫抗疫提供了坚实的物资支撑。接到上级返校复课通知后，我与行政团队一起制定《返校复课疫情防控应急预案》，签订《疫情防控责任书》，反复召开班子会议研讨细化方案，分级召开年级组长以及保安食堂人员培训会议，多次组织开展全员安全演练，确保返校复课万无一失。特殊时期，连续高强度的工作令大家疲惫不堪，也让我不再年轻的身体有点吃不消，但肩上的责任促使我时刻紧绷防控这条弦，责无旁贷，积极开展落实相关工作。随着返校复课的顺利推进，学校防控防疫工作也有序而常态化地开展，面对这样的可喜成果，一切的努力都是值得的。

常抓不殆的管理姿态为安全工作保基固本，安全工作更是一项长期性的工作，必须反复抓、抓反复。结合我校安全保卫工作的实际情况，我牵头制订、健全、完善系列安全保卫制度，制定、实施应急处理预案体系，完善、落实安全工作共管机制。多次邀请消防队战士、派出所民警等到校开展专题教育讲座，以户外开放、实时交互的方式开展现场教学，模拟自救互救。甚至将消防车开进校园对老师进行现场培训，老师们也在消防员指导下，亲身试验，对消防车及设备有了进一步的实际体验。此外，我组织开展对全体教师的《校园安全伤害事故的预防与处理》等专题培训；搜集真实的案例素材，聚焦社会热点问题，以一个个典型的案例，教育大家把别人的教训转变成自己的经验和智慧，多次利用教职工政治学习机会，加强阶段性安全工作反馈及培训。全校师生逐渐从"要我安全"转变为"我要安全"，自主抓安全的意识稳步提升。几年下来，形成了"校园安全我有责，他人安全我尽责，自身安全我负责"的校园整体安全观，积极确保安全的意识和责任深入人心。

2018年，学校进行上海市安全文明校园申报。这是学校的大事，对于安全部门，更是重中之重。安全工作，不是纸上谈兵，必须眼见为实、落到实处，于是，我对学校展开了全面地毯式的安全排摸，每天奔走于每一间教室、办公室，往返于门卫、操场等地，小到布置墙面的一颗螺丝钉，大到各种设施设备，我实地查看一处处细节，排除整改一起起隐患，细化反思一个个问题，逐一复盘一次次失误。此外，我查看学校每一台监控设备，排除设备故障，确保学校165个监控都可以正常使用，无一安全死角。工作紧任务重，在这个关键时期，我的肩颈伤痛又反复发作，为了不耽误工作进程，我一边在医院做着治疗，一边与安全部门一起，放弃无数个休息日，加班加点一遍遍完善报告、一次次核对目录、一本本装订材料。最终，在学校的大力支持以及全体人员的努力下，学校顺利被评选为上海市安全文明校园。在此基础上，学校先后获上海市食堂规范化管理"6T实务"5A单位称号、上海市节水型学校、奉贤区文明校园、南桥镇"法律进学校"优秀校等荣誉。

安全工作不是中心，但影响中心；不是全局，却左右全局。在安全工作上出了问题，不是减分，而是零分。几年来，这样的工作理念深深刻在我的心间。"为了实现每一个孩子的美好心愿"是我们的办学理念，"为每一个孩子营造一个平安幸福、充满爱的校园环境"也是我们的心愿，让每一个孩子都在爱的滋养下茁壮成长，让安全为了爱而护航！

（文/李永国）

创办那一年

光阴如梭,岁月匆匆。转眼,在"育贤"这个温暖的大家庭工作已经五年多了。回首学校创办的那一年,感受到的是温暖与微笑,体会到的是进步与成熟,收获的是成功与喜悦。

仍清晰记得那年,炎热的七月用火一般的热情迎接我,我来到了新的人生舞台。伴随着骄阳的激情,我来到了"育贤",来到了这梦想开始的地方。

开学前一个月,我认识了"育贤"大家庭的每一员,老师们搬课桌椅,打扫校园环境,装饰教室,打造植物角,装扮每一面空墙……"并肩奋战"的每一个夜晚,"加班加点"的每一周末,现在想来都成为我们人生经历中一笔宝贵的财富。它让我们每个人前进的步伐更加坚定、自信!

有幸与可爱的你们一见如故,组成了活力四射的一年级组,只因为我们都是热爱孩子的,我们的教育梦想是相通的。我们不时幻想着一个个稚嫩的脸蛋,一双双水灵灵的眼睛,嘴角不自觉地上扬,恨不得立刻见

上一见孩子们。

2015年9月1日是让人难以忘记的日子,这是"育贤"迎来首批一年级新生的日子,是"育贤"落成的日子!放眼望去,每个孩子都是那么的灵秀。他们蹦跳着告别了幼儿园,充满期待地进入了美丽的"育贤",成为了一名小学生。崭新的校园生活在向孩子们招手,孩子们跃跃欲试,斑斓的梦想就从"育贤"起航啦!

一天天的校园生活是这样有趣,这样丰富多彩,这样井然有序……

一眨眼,一个月的学习准备期结束了,家长们在十月的学习准备期展示中欣喜地发现,孩子们从懵懂无知的稚童,成为了一个讲文明、懂礼貌、爱学习的小学生。瞧,十二月,丰富多彩的读书节活动,让孩子们踏上了书香之旅,遨游在书的海洋中,快乐地汲取书中的知识。知识学习充实多,精彩活动乐不停,真想让时光列车载着我们,重温美好的瞬间!草长莺飞的三月,我们来到心愿林,种植心愿,放飞梦想。金色的五月,感人的十岁生日会深深印刻在孩子们的脑海中。

而我,每一天与孩子们相处,一起活动,一起学习,他们在不断地成长,而我也在不停地成长起来。钢笔字比赛,墨香飘校园,加强了我的教学基本功;演讲比赛,令我腹有诗书气自华,提高了我的教学素养;道德与法治区级比武,我享受着同事们的陪伴与鼓励、领导的支持与关怀,感受到了浓浓的教研气氛,把握机遇,收获多多。

"育贤"是我们每一位师生编织梦想、实现梦想的一方沃土,我们相信,在"育贤"今后的日子里,我们会拥有越来越多的梦想,我们追逐梦想的脚步会踏得更坚实,我们闪亮亮的梦想会越飞越高、越飞越远。

那一年,充满期待。如今,憧憬未来。

我已经听到了花开的声音,虽然轻柔,虽然稚气,却是那样美丽,那样芬芳。

(文/翁薇)

逐梦远航,"育"见未来

人生是对梦想的追求,梦想是人生的指示灯。在我们的成长之路上,总是无法回避这样一个问题:长大后,你想成为一个什么样的人?它几乎在我们人生的不同阶段,都留下过思考的痕迹。

记得上小学时,班主任老师问我们:你们长大了想成为什么样的人呢?我说,我想成为像老师一样的人,因为在那时小小的我心中,老师拥有着一手娟秀的粉笔板书,拥有着全世界最温暖的笑容,拥有着对学生最宽容的胸怀。

随着年岁的渐长,家人总是会时不时地表达他们对我们的期望,希望我们变成他们想要的样子。每当这时候,我都会让自己静下来,仔细想想自己究竟喜欢什么。

不忘初心,方得始终。我始终记得我的初中英语老师高老师,是她

启发了我成为一名小学英语教师,也是她让我认识到教师并不只是一份职业,更是一份责任与担当。

18岁的我梦想成为一名小学英语教师,高考时我填报了上海师范大学小学教育专业,这就是我开启梦想的第一步。在读大学的时光里,我努力塑造自己,连续三年获得专业奖学金,积极参加学院义工队志愿活动、爱心学校工作等。

大二那年,我带着满腔憧憬重回小学,开始体验从学生到教师身份的转变。在小学实习的那些日子里,除了完成日常教学任务外,我们也会在课下采访老师和学生。让我记忆犹新的是一次采访结束后,一个小女孩问我:"小陈老师,你为什么喜欢当老师呢?"是呀,为什么呢?直到现在我也常常会问我自己,教师究竟是怎样的一份职业?是什么让我想成为一名教师呢?那一刻,千言万语涌到嘴边,可最终我却只能用一个浅浅的微笑回答她。

不过慢慢地,我想我找到了答案。某次课后,一个小女孩兴冲冲地跑到我面前说:"小陈老师,你上的课真有意思!"那一刻,我觉得那些挑灯夜战备课的日子,值了!某次课间休息时,一个小男孩突然冲过来紧紧地抱住我说:"小陈老师,我真喜欢你!"那一刻,我觉得全身上下所有的疲惫感瞬间一扫而空!实习结束的那一天,放学时小朋友们齐声向我喊道:"小陈老师,你要记得想我们,要记得常回来看我们呀!"

其实,爱上教师这份职业的原因有很多,每个人的回答都各有不同,但相同的是我们这一颗颗热爱教育的心,怀着温暖的、有爱的心,去启迪、去点燃一个又一个的灵魂,去燃起他们向上向善的力量,这是一件多么幸福的事情,我喜欢这份被需要的感觉。

时光荏苒,2020年,我终于向我的梦想又迈进了一大步,在"育贤"开始了我人生的新篇章,在我的逐梦之路上继续前行。记得初入"育贤"时,我的内心既憧憬又忐忑,我问自己:我真的能成为一名好老师吗?我怎样才能成为一名好老师呢?

我的带教师傅张宏老师常这样说:"既然决定要做老师,那就要做好充分的心理准备,在这条征程上不仅要坚定自己的教育理想,还要不断夯实素质、提升能力。"这一点,让我在疫情当下的这段日子里感触更加深刻,所有老师用实际行动完美诠释了"直面挑战,躬身入局"这8个字。

而我在这段日子里也收获了许多,学习了如何进行家校沟通、如何疏导学生的心理、如何开展线上教学等,凡此种种,让我更加体会到教师这一行业的不易,更加感受到教师肩上的重担。

如何做一名合格的教师,怎样做一名合格的教师,这些是我们需要时刻思考的问题。我想,做一辈子教师,一辈子学做教师,这不仅仅是于漪老师的理想信念,这也应当是我们的理想信念。多向教材学,多向学生学,多向优秀的老师学习,做到勤观察、勤思考、勤交流、勤分析。牢记"一身正气,为人师表"的信条,努力成为一名有信心、爱心、耐心、细心和童心的好老师,做到以心换心。

梦想与现实,往往仅有一步之遥,但这一步需要我们为之付出艰辛的努力,而这离不开前辈的悉心指导,也离不开团队的热心帮助。青春在热情中飞扬,青春在努力中飞扬,青春在坚守中飞扬,愿我们怀揣最初的梦想,不负青春韶华,在"育贤"逐梦远航,"育"见最美的未来!

(文/陈钰凌)

让青春之花为"育贤"而绽放

花开花落,云卷云舒。一转眼,我们的"育贤"即将迎来她的五岁生日,犹记得那是 2015 年暑假中炎热的一天,我们第一批共 8 名青年教师在"育贤"临时的大会议室相遇,组成了"育贤"小学最初的团支部。由此,也开启了我们一起在"育贤"不断忙碌着、充实着、成长着的旅程……如今,"育贤"小学团支部已经是一个有 44 名团员青年的大集体了,我们 44 名青年教师,毕业于不同的大学和专业,但我们有着共同的志向——做一名光荣的人民教师,实现每一个孩子的美好心愿。

逐梦启航

在一个温馨的团队里,工作也会因此变得轻松惬意起来。在"育贤"团支部,我就遇到了这样一群好伙伴。为了装点"育贤"的美丽环境,我们一起打扫、一起布置;为了展示"育贤"的无限魅力,我们一起排练、一起忙碌;为了提升"育贤"的教学水平,我们一起磨课、一起准备……感受

着来自伙伴互助的无限热情与温暖。

筑梦成长

如何让这个小集体不断进步？如何为团员青年成长成才、建功立业创造良好环境和条件？如何帮助和支持团员教师在时代的舞台上展现风采、发光发热,贡献自己青春的激情和力量？彼时,第一次担任团干部的我很迷茫,但是校长和书记的鼓励与指导,让我在不断思索和努力中慢慢找到了前行的方向。

为丰富我们团员教师的业余生活,"育贤"团支部组织了多次各有特色的团组织活动:"品书墨之香,做贤达教师"的教师读书分享活动中,团员青年们参观钟书阁、品读梅子涵作品、细读教育专著、交流读书感悟;硬笔书法培训时,团员教师们在横、竖、撇、捺、点的运笔中慢慢体会书写的精髓;"文馨讲坛"活动现场,团员教师们通过与专家对话、与名人交流,增强文化底蕴;"奋斗的青春——我与'育贤'共成长"演讲活动中,团员教师们紧扣主题,娓娓而谈,展现聪明才智;"展新秀风采、促教师成长"青年教师家长开放日活动中,团员教师们排演音乐剧、展示模拟课堂、进行最美朗读……我们团员教师有很多很多学习与锻炼的机会,我们边思考,边实践,在成长的道路上,一步一个脚印地前行。

追梦远航

作为青年团员教师,习近平总书记所提倡的"不仅要努力做好本职工作,更要为社会做一些实实在在的事情",这也是我们"育贤"团支部一直在践行的主题。五年来,团员教师们也参加了多次志愿活动,2017年暑假开始,"育贤"团支部的团员教师们就肩负起了爱心暑托班班主任的重责,一位位团员青年们放弃了休假,在炎炎夏日中为每一位"爱心暑托班"的孩子保驾护航。每年的暑托班,其实从五月初的报名收费、信息统计就已经拉开帷幕,到开班前的教室布置、备课讨论,再到开班后的纪律管理、饮食安全等,一切都在团员教师们的努力下显得那么有条不紊、落实到位……"我家孩子今天身体不适请假一天。""老师,我家孩子今天要晚点到校。""老师,我家孩子2点要回家,麻烦提早带下来。"……每天,微信群里都有家长发的各类消息,青年教师们都会第一时间及时回复,对于一些没有到校且未请假的学生,我们都会再次与家长进行联系。对于中途要离开校园的孩子,我们也会亲自把孩子送到家长手中,确保每位孩子的安全。"育贤"的团员教师们每天提早半小时甚至一小时来到学校,为的就是让早到的孩子们进入课堂;我们常常在微信群里讨论,为的就是所设计的活动能让所有孩子都喜欢。让孩子们过一个安全、快乐、有意义的假期成了我们共同奋斗的目标。因此,在"育贤"暑托班办班点,总能看到孩子们脸上洋溢着快乐、听到孩子们稚趣的歌声与欢笑声。对于我们团员教师来说,每天面对孩子们阳光般的笑容,和他们一起快乐地学习游戏,快乐地度过一个暑期,真是收获到了满满的幸福。

  青年之字典,无"困难"之字;青年之口头,无"障碍"之语;惟知跃进,惟知雄飞。正如校歌中所唱:"育贤"小学是我们梦想的家园。"育贤"小学团支部则是团员教师们互相学习、互相促进的小营地,我们的青春之花正在为"育贤"而绽放。在这里,我们找到自己前进的方向;在这里,我们体会互助共进的热情;在这里,我们点亮孩子的美好心愿!

(文/鞠晓慧)

奉献点亮人生，责任铸就梦想

如果说黎明的奉献是太阳，黑夜的奉献是群星，大地的奉献是鲜花；那么，老师的奉献究竟是什么呢？

追赶与蜕变

2018年的盛夏，我来到了育贤小学，走上三尺讲台，成为了"传道授业解惑者"的一员，开始了一段人生的新旅程。作为一名普普通通的小学信息教师，以教师的身份踏入校园已经过了2个年头。曾有人这样形容教师的生活——紧张的早晨，繁忙的白天，不眠的夜晚，疲倦的周末。每逢学校有大小活动，我往往都会有这样的思考：活动需要在哪里举办？在几点前打开设备？需要录制录像吗？活动和自己的课务有冲突吗？冲突了应该和哪位老师调课？活动几点结束？设备关了吗？……这样

的思考在我的脑海中浮现,也渐渐地融入我的生活。

工作的第一年,这样快速、高强度的节奏让我上气不接下气。于是,我便陷入了沉思。我时常感觉自己一直处于被动,能做的只是拼命地追赶、追赶、再追赶。但现在回过头来看,这只是运动过后的肌肉酸痛,是为了打造一个强健的体魄的努力罢了。我该如何迈出下一步?该如何找到我的节奏呢?于是,我便开始不断地摸索、不停地学习,思考怎样将需要做的事情进行整合,自己摸索出一条属于我的工作方法。这种高效、有序的工作方法让我在今后的工作中更加顺利,做起任务来更得心应手。我不再像之前一样手足无措、一片茫然。

责任与奉献

在学校,作为一名教师,我为孩子们献上一堂又一堂小学信息科技课程,培养学生的信息思维与素养。信息科技学科是一门实践性强的学科,也是发展最快、变化最大的学科。面临一轮又一轮的课堂教学改革形势,我在信息科技教学中一直秉承着"学中做、做中学"的思想,最大限度地激发学生的创新意识,落实信息科技核心素养。在上课过程中,我努力尝试使用多种教学方式,让学生把微笑带入到课堂。

在校外,我是一名编辑者。疫情爆发后,在学校微信的编辑大家庭中,坐在电脑前从编辑到审核,从审核再到修改、发布,如此周而复始,一篇篇生动的防疫微信动态才呈现在我们眼前。为的就是让师生、家长能及时了解更多防疫知识。如何让学生在家中也能得到优质的教育教学资源?如何让家长合作,配合学校开展教育教学工作呢?"小郭在吗?学院这边有些教育信息化方面的工作,明天下午我们开个会?"我收到了教育学院的通知,二话不说,积极响应"停课不停学"的号召,做到"放假不放教",运用自己信息化的特长,积极参与教育学院教育信息化工作的推进,拍摄一节又一节的空中课堂课程。

我发现我自己发生了改变。从"这好像不是我一个人能够完成的事"转变到"这是我应该完成的事情"。这种心态的改变是责任心的体现,有了责任心才能够做好每一件事。

"爱"在左,"责任"在右,走在生命之路的两旁,随时播种,随时开花,将人生之路点缀得花香弥漫,即使踏着荆棘,也不觉得痛苦,有泪可流,却觉得幸福。有一首歌最为动人,那就是教师;有一种人生最为美丽,那就是教师;有一种风景最为隽永,那就是教师。奉献如同灯火,点亮人生;责任如同铁锤,铸就梦想。

(文/郭旭东)

以梦为马,不负韶华

生命就像一条河流,总是马不停蹄地向前奔流,转眼之间,我来到育贤小学已整整一年了。一年对于历史长河而言,只不过是沧海一粟,对于人的整个生命来说也只不过是几十分之一,但对于刚刚踏上工作岗位的新教师来说,却可以用意义非凡来概括。

这一年中,从懵懵懂懂的大学生到教书育人的新教师,我的生活和工作都发生了重大的改变。走过一段路之后,才能看得更清楚。就像洪水经过的时候,泥沙俱下,水流变得浑浊,而当洪水过后,河流又变得清澈见底。人生也需要这样的回顾,才能走得更清醒。

回想一年前,我写下第一年个人发展规划:"站好讲台,明确目标,知道作为一名合格教师的职责,不断努力逐步完成自己的角色转型,富有爱心与责任心,保持阳光心态。积极参加各类培训活动、教研活动,与教

研组老师进行交流沟通。用自己所学的知识来帮助每一个学生的成长，做学生的良师益友。"

初登讲台时，面对三十五张稚气的脸庞，我迷茫于该怎么组织课堂才能让学生个个都认真听课，该怎么设计教学过程才能让学生更容易接受，生怕因为课上得不好而影响学生对于知识的掌握和对语文学科的兴趣。

新教师的迅速成长，离不开团队的协作和助力。学校"小语坊"便给了我一次展示的机会。上课前，我翻阅教材"教参"、设计教学过程、完成ppt制作。在紧张的备课中，上课的日子如期而至。站在讲台上，我便发现除了"小语坊"的同伴教师们，顾雪华校长和学校顾问张治校长也坐在了听课位上。感到幸运的同时不免心情更紧张了，我的第一节教研课就在我紧张的情绪中结束了，我知道上得并不理想。

课后，同伴教师们肯定了我在上课中亲切的教态、生动的过渡语，也同时指出了存在的不足，如：教学单韵母声调方式过于复杂、课件生字过多学生不认识、教师不敢放手导致学生思维受限。顾校长在评课中告诉我，在备课过程中要更加用心，不仅要备教学环节，还要备每个环节预计所需要的时间，合理分配，有轻有重，牢牢把握教学的重难点。学校顾问张治校长肯定了我在课堂教学中的流畅性，同时，他也给予了我很多建议，比如：拼音教学中最重要的是对于"音"的教学，发音中的"四声调"更是重中之重，要让学生学会观察教师发音的嘴型，跟着教师嘴型多读、读准。

同伴和领导们直言不讳的点评，让我对拼音教学有了更新的认识，如何内化"教参"要领、紧抓重难点、有条不紊地进行课堂教学是我所要深思与熟虑的。只有在不断的教学实践中，才能更直观地看到自己的不足。我知道，在拼音教学上，我还需要下苦功夫！

也许是感受到了我这样急切的心情，顾校长又给了我一次机会，让我内化大家的建议和点评，再重新进行教学设计。我知道，这是一个提升教学水平、快速成长的好契机。

备课的日子是非常磨人的，低年段的老师们陪着我一次又一次磨课，一次又一次试教，并纷纷提出切实可行的建议。终于，我又一次站上了录播室的讲台，上完了一节精彩的拼音课。

课堂教学是教学活动的主战场，驾驭好课堂，才能有好的教学效果。老师不仅是自编自演，还要了解观众的心态，才能深入人心，和观众互动，感动观众。老师像医生，从经验中积累诊断的技术，才能对症下药，让学生从错误走向正确，从被动转为主动。老师还像推销员，要深入掌握顾客的心理及需求，才能把课本的知识推销出去，并让顾客欣然接受。

一份春华，一份秋实。我的第一年教师生涯就这样磕磕碰碰地走过了，有汗水、有欢笑，更多的是满满的收获。在往后的日子里，我还要学习各种教育理论充实自己，加强自身基本功训练，在教学中不断反思总结，争取快速成长。路漫漫其修远兮，吾将上下而求索，在教书育人的道路上，我还有很长很长的路要走，但我相信，以梦为马，必不负韶华。

（文/陈一枫）

三尺讲台 不忘初心

很多人问过我这么一个问题：为什么从小就立志要做老师？小时候，觉得老师特别厉害，无所不知；长大后，因为喜欢孩子，喜欢站在讲台上的感觉，让我坚定了自己的教师梦。

很幸运，踏上教育之途

可以说教师梦的萌生阶段是在初中，那时候的我，遇到了为我指引人生目标的班主任，是她告诉了我如何走入学生的心灵，做一名受学生爱戴的老师，也是她让我知道当一名教师是何其的幸福。正是因为如此，我才会在高考前的自主招生上，毫不犹豫地签约了免费师范生，为自己成为一名人民教师打好了坚实的基础。大学四年的师范生光阴让我充实了自己的教育理论，每一学期的跟岗实习让我逐步摸清小学教育的本质，作为交换生到美国接受西式师范教育、到当地的小学进行授课，无

一不让我感受着教育的真谛,让我对今后的工作生涯有了更美好的憧憬。白驹过隙,从学生角色到教师身份的转变已有两载。大学毕业后的我来到了一所充满童话色彩的学校——育贤小学。"实现每一个孩子的美好心愿"这一充满生命情怀的愿景,在学校的心愿大厅中熠熠发光,但同时它也照耀着每一个怀揣梦想的教师,铸就我们的成长。

很荣幸,稳步学习之路

初入教坛的我,上了一节区级公开课。犹记得刚确定下课题的自己,正处于"初生牛犊不怕虎"的状态,对教案设计更是自信满满,然而在实际的试教过程中,没有充足的预设、没有反复的试教、没有静心的思考……我这才发现,理论再丰富也抵不过实践。一门好课的诞生,要经得起推敲、耐得住研磨。就此我踏上了漫长的磨课之旅,磨课于我,就像破茧化蝶,过程漫长而"痛苦",但最终却能完成质的飞跃。教研员蒋老师和前辈同事们对教案进行了多次推翻和重建,反复试教和调整的期间我不免有过彷徨,但回过头来,更多的是自己逐渐敢于承认自己的不足,虚心接受各方面的建议。从试教录播到反复观看,再到对着镜子重复每一个神态、动作与表情,在此过程中我也经常产生随便放过某一个细节的念头,但一想到在一整堂课的呈现中会出现一个不完美之处,就又有了想要征服并做到力求完美的冲劲。经历一次次的推敲才能体会到磨课的"苦",那种心境或许很累,但却实实在在地让我看到了自身的进步,摸索到了研课的快乐,找到了站稳讲台的自信。也正是经历了这样的研磨与学习,才树立了我认真对待每一份教案、严谨实施每一节家常课的态度。

很幸福,坚定教育之旅

因为是年轻的教师,缺乏经验,学校与集团为我们安排了带教师傅,不同师傅的不同经验与理念,让我成长得更快。学校更为了年轻的教师们设立了"小语成长坊",但同时也给了我一个艰巨的任务:让我作为青年教师的学科互助"学习坊"主持人,和我的学科伙伴们互相学习、合作共研。从起初的迷茫到日渐成熟,我们制定了"小语成长坊"的三年发展规划,借助校级教研课、集团课、世外托管等资源,围绕教学中的得与失,分享教学的方法,使智趣学习存效良久。作为年轻班主任的我,也在一次次与家长的密切交流与合作中,学会了沟通的艺术,明白了多元化评价与注重孩子"获得感"培养的重要性;学校各项活动的组织与参与,更让我懂得了只有团结协作、相辅相成,工作才能更顺利地完成。

我怀揣着最初激动而敬畏的心来到教师这个岗位上,三尺讲台上的生活是崇高的,更是快乐的。当我给孩子们传道授业解惑的时候,我奉献着,我是快乐的;当我和孩子们一起玩耍的时候,看到他们的笑脸、收到他们的祝福,我收获着,我是幸福的。我想我会永葆这份教育的初心,继续用我的热情与热爱,描绘我无悔的青春年华。

(文/张佳婕)

第二章
点亮心愿,办有温度的学校

一所有温度的学校,为了实现每一个孩子的美好心愿,以时间为经,以成长为纬,编织着一路走来的历程。一个个小小心愿,谱写出金色的童年,绘制出缤纷的画卷。一个个温暖的人,用心陪伴孩子的成长道路,用爱温润孩子的童真心灵。在这里,汇聚着一群有温度的人……

○ 校长心语

用爱温润孩子的童真心灵

心愿,像一粒种子,播种在心的土壤里,尽管它渺小,却可以开出最美的花朵;心愿,像一条小溪,流淌在爱的大地上,尽管它涓细,却可以浇灌绿色的希望。为了实现每个孩子的美好心愿,我们用心做教育的土壤,用爱做教育的阳光,做有情怀的教育,办有温度的学校。

让"心愿文化"成为学校有温度的栖息地。把学校建设成一个让孩子向往和留恋的幸福家园是我们的追求。学校以"心愿文化"为主线,把办学理念与"三风一训"融入校园文化建设之中,"心愿大厅""心愿列车""心愿瓶""心愿角""心愿林"等无不让人感受到浓郁的"心愿文化"——"心愿瓶"递真情,让"小瓶子"说出心里话,传递师生的小小祝福,促进师生、生生间的沟通交流;"心愿角"话梦想,将自己的梦想写(画)在小小心愿卡上,挂在教室的心愿角内,激励自己为了达成理想努力奋斗。每一面墙壁都在描绘着未来的希望,每一个活动都在展示着孩子的精彩。雅致葱郁的校园绿化让师生感受着四季变换的奇迹——春天馥郁的玉兰大道,夏天优雅的紫藤花架,金秋沁人的桂花飘香,寒冬倔强的傲雪青松……一砖一瓦,一草一木,富有内涵的校园文化设计体现着学校的办学思想,彰显着校园大气、包容、文明、共生、和美的气息。

环境优美的校园、温馨和谐的师生、丰富多彩的活动都标刻出育贤校园温暖如春的教育温度。

让"心愿教育"成为学校有温度的风景线。我们以"心愿教育"为学校教育哲学,关注每一个学生的成长需求、成就每一个孩子的美好心愿。让每一个孩子都全面而有个性地发展,让学生在学习生活中获得成就感和幸福感,是"心愿教育"追求的目标。基于这一价值追求,我们进行"心愿教育"的创新实践,以培育"心愿少年"为核心,通过引导学生"种心愿、长心愿、强心愿、亮心愿、圆心愿"，达成"明事理、爱学习、乐运动、会审美、勤实践"的目标，构建既有侧重、又有交叉地落实育人目标的学校3.0课程——"小心愿课程"，包含"小贤人课程群""小文人课程群""小科学家课程群""小健将课程群""小艺术家课程群""小当家课程群"六个课程群。

我们不断丰富"心愿"课程载体，拓展"心愿"实践舞台。校园节庆活动，搭建成长舞台："自立节——自理自立我能行""启职节——职业启蒙我来赛"……多彩实践课程，丰富成长体验：考察实践、增添智慧，学军实践、磨炼意志，学工实践、传承技艺，学农实践、体验辛劳，让学生走出校园、走进社会，在沉浸式课程体验中开展自我教育，达成自我成长，不断实现一个个小小心愿。而学校也在"心愿教育"的实施过程中，不断发展学校文化内涵，提升办学品质。

让"心愿教师"成为学校有温度的"摆渡人"。在"育贤"，有着一群有温度的教育人，每天微笑面对每个孩子，用全部的热情让孩子快乐地成长，述说着一个个温暖的故事：是亲切的语言、耐心的态度、真诚的关怀；是走进教室后摸摸这个孩子的头，拉拉那个孩子的手；是不经意间相互传递的美好；是一句暖心的鼓励，一脸会心的微笑……教育需要爱，也要培养爱；教师的事业始终贯穿着爱的事业。老师们做温暖的"摆渡人"，用脚步缩短家校联系的距离，用真心搭建家校沟通的桥梁，用大爱谱写家校和谐的篇章。老师们为爱护航，让师爱流淌在学生的心田，成为学生成长的催化剂。这些温暖的"摆渡人"，立足岗位，以"深度"的思为舵，以"温暖"的心为桨，一路点亮孩子的心灯，让有温度的教育永远"在线"。

在这里，校长是"故事"的发起者，教师是"故事"的设计者，孩子是"故事"的演绎者。呵护孩子的美好童年，点亮孩子的美好心灯，实现孩子的美好心愿，我们驾驶着"育贤"这艘满载师生心愿的小船，述说一个个温暖的"育贤"故事……

（文/顾雪华）

> 育贤叙事

做一个温暖的"摆渡人"

班主任,有人称其为"天下最小的主任",而做好这"最小的主任"却不是一件容易的事。这对于我来说,既是一个机遇,更是一个挑战。

时光如白驹过隙,孩子们已渐渐长大。一位位学生,一个个故事,数不尽的欢乐和笑靥,让我对"班主任"这一角色有了更深的理解和喜爱。与孩子们一起走过的日子里,一个个镜头常在心中闪现,不能忘怀。

镜头一: 用智育人,关注成长

"老师,我的笔不见了。""老师,××同学说我坏话。"……

接手班主任工作之初,这样的"小报告"常在我的耳边响起。有一

天，小朱跑来办公室告诉我，他的笔袋不见了。和小朱同学回到教室，其他小朋友围着我，纷纷地做起了"小小推理家"，叽叽喳喳地告诉我他们的推理："一定是小王拿的，他之前也这么做过。""对对对，一定是他。"

说到小王，着实令人头疼。他喜欢恶作剧，同学们对他也颇有怨言，几番教育之后，收效甚微。听着孩子们的话，我悄悄看了坐在位子上的小王一眼。"有人亲眼看到小王拿笔袋了吗？"同学们摇头。"那你们怎么能确定是他拿的呢？"孩子们一时间没了回答。我告诉他们，在没有确实的证据前，不能凭自己的主观猜测来判断，并告诉同学们：拿了笔袋的同学，你可以来我的办公室，悄悄地告诉老师一个人。老师相信你不是故意为之，并且不会再这么做。

从上午等到放学铃声响，也没有等到那个主动承认的人，让我有些怀疑自己的做法是否能成功。

放完学回到教室，意外地看到小王正安静地坐在自己的位子上，样子和平时闹腾的他完全不同。看到我进教室，小王慢慢地走到我身边，踮起脚尖，悄悄地在我耳边说："方老师，对不起。是我拿了小朱的笔袋，我已经还给他了。老师，我以后再也不恶作剧了。"他有些哽咽地坦诚了他的所作所为。

听完他的坦白，我拍拍他的脑袋，对他说："你很勇敢，承认了自己的错误。老师会保守这次的小秘密，也相信你不会再做这样的事了。"他重重地点了点头，一直紧绷的身体也放松了下来。在之后的学习生活中，小王不再与"恶作剧"为伴，也因此收获了更多的朋友。

一次次的纠纷处理，让我明白：教育是一门艺术，它不是简单的聪明，而是灵活的智慧。用智育人，才能让孩子收获成长。

镜头二：用心浇灌，静待花开

教师应具备进入学生心灵的本领。育人先育心，只有走进学生心灵世界的教育，才能引起孩子心灵深处的共鸣。

班中的小朴是一个品学兼优的小男孩，平常活泼开朗，兴趣爱好广泛。在班级中有着不错的人缘，老师们也都很喜欢他。但同时他也是一个十分敏感细腻的孩子,很在意其他同学说什么。

有一天,班级里学生们都在自习,教室里十分安静。突然听到了小朴说话的声音,于是我提醒了他。小朴安静了下来,没过多久,又听到了小朴和另一个同学小李说话的声音,我再次提醒了他。等到第三次时,我对小朴和小李说:"你们两个心愿存折上要扣一颗星。"

"心愿存折"是开学初时下发的,每人一本,根据平时的课堂表现、作业表现以及活动参与来集星。满一定数额的星星,就可以换相应的礼物。平常小朴就对这本心愿存折很看重,时不时地来告诉我已经集齐了多少颗星、还有多久能换礼物。

在听完我的话后,小朴在这时"爆发"了,他一边哭一边抓自己的脸。我急忙走过去,制止了他伤害自己的行为。我带着小朴走出了教室,等他自己平静了下来。之后,我问他是什么原因导致了他这么委屈。他告诉我,第一是因为小李先和他说话的;第二,觉得爸爸妈妈,尤其是妈妈,平常对他要求过高,对他做的事情总是挑刺,没有收到过表扬。于是,我的批评和扣星就成了一个导火索,瞬间点燃了他心中种种的委屈。

在小朴说完他的委屈后,我开始开导他:就算有再多的委屈,也不能做出伤害自己的事情。凭借平常的表现,相信你很快就能把失去的星星给挣回来,那又何必在意这失去的一颗呢？随后,我告诉他,妈妈的高要求也是希望他能做得更好,并鼓励他试着和妈妈说说心里话、告诉妈妈自己的想法。

在开导完小朴后,我立刻给小朴妈妈打了电话。小朴妈妈很惊讶,也意识到了在平常的教育中,应该给予孩子多一些爱和鼓励,让孩子能更有自信。回家后,小朴和妈妈有了一次平等的沟通。小朴也把自己的心里话告诉了妈妈,妈妈也向小朴承诺了会多多看到他的优点,多多鼓励他。在这件事后,小朴的学习更加认真了,课堂纪律也比之前更好了,心愿存折上的星星也一天比一天多了。

"如果我真的存在,也是因为你需要我。"英国作家克莱儿·麦克福尔的小说《摆渡人》,曾激起了无数读者的共鸣与思考。一种存在与需要的关系是诉不清的缘,是道不尽的情,是陪伴、是激励,更是引导。班主任不正如那人生长河中的"摆渡人"吗？伴着多少懵懂走向成熟,载着多少无知走向睿智,只不过他比河口的"摆渡人"更多了几份温情、添了些许期盼。亲爱的"育贤摆渡人"们,让我们一起在最灿烂的阳光下,做有温度的教育,培养有温度的学生,驱走严寒,彼此温暖。

(文/方峥嵘)

我收到了第一封来自家长的感谢信

"谢谢您,张老师!是您的辛勤指导和无私奉献给了小薛学好英语的信心。是您的尽心尽责和精心培育锻炼了小薛的决心和毅力,成就了孩子的美好心愿。"2019年6月10日,我收到了教师生涯中第一封来自家长的书面感谢信。临近毕业,回想起当初被劝留级重读的情景,小薛妈妈怀着十分激动的心情,紧握着我的手,表达着她发自内心的感谢。

这名特别的孩子叫小薛。刚见到他,高高的个子,戴着红领巾,腼腆地笑着,叫着一声"老师好",声音轻轻的,是个善良、可爱的孩子。四年级第二学期,他从江西老家转入育贤小学就读。由于之前所读的小学没有开设英语课程,小薛同学对英语的认知几乎为零。英语学习的落后导致家长和孩子都十分焦虑。没有学过英语该怎么办?孩子是否能跟上大家的学习进度?内心要强、要求上进的小薛同学不愿落下班级队伍,他一直有个小小心愿,就是希望能让自己的英语学习水平更上一层楼,

赶上班级里的其他同学。我也下定决心,要在未来的一年里帮助他实现他的小心愿,帮助他提升英语的学习。

当我上门家访,与家长和孩子本人进行深入交谈后,我就与小薛同学结成了帮扶小组。我告诉小薛,老师会尽自己一切的努力帮助你学好英语,你也要相信自己能够做到。小薛同学答应我一定会好好努力学习。

针对小薛同学的实际情况,我制定了周密的帮教计划。从26个字母的正确规范书写,到听力的答题技巧指导,到词汇语法,再到改句,到阅读理解,一直到写作指导,就这样,经过无数次的课堂鼓励,无数次的作业面批讲评,无数次的课后辅导,无数次心与心的交流……凭着一股不服输的精神,小薛同学即使英语课上听不懂,上课也认真听我讲课,做好课堂笔记。下课后他时常会来请教我英语学习上的问题。"老师,这道题我有些不懂,您能再跟我讲讲吗?""这些动词变一般过去时需要特殊变化,还有哪些词语也是这样的?"

小薛同学性格有些内向,平时不愿与同学用英语对话,英语口语能力很薄弱。我鼓励一些英语口语能力比较好的学生,与小薛同学经常用英语交流、对话。在一次次的英语口语交流中,小薛同学的英语口语能力越来越好,学习英语的自信心也越来越高。

在我耐心的教导和悉心的辅导下,小薛同学对英语学习的兴趣越发浓厚。每天晚上完成作业后的1个小时,用来梳理巩固当天英语课上老师讲过的知识,第二天早上提前半个小时起床,预习老师要讲的新课文和单词。平日里会在家背诵一年级到四年级的英语课本和单词,整理错题,再练再提高。

渐渐的,小薛同学有了学习英语的门道,从被动学习到主动学习,从一开始几乎交白卷,到会做些简单的题目,到赶上班级队伍,一直到毕业调研考取得了A的好成绩,他终于实现了初到育贤小学时许下的小小心愿,脸上绽放出自信的笑容。相信他也将继续带着美好的心愿,奔赴更美好的初中生活。

春华秋实二十载,潜心教学第一线。我做着二十年来一直在做的事情,坚守着我的教育初心,给予每位学生无私的师爱,让他们更好地成长。

回顾自己二十年的园丁生涯,我一直视敬业爱生为己任,编织起与学生心灵接触、感情交流的纽带,献出了处处爱心,也结下了累累硕果。我知道爱是世间最美的情感,它能催人奋进,它能塑造美的心灵。为了助力孩子们的成长道路,我会用爱,用自己的行动,点亮每个孩子的心灵。

正如那封感谢信中所写的:"是学校的办学理念'为了实现孩子们一个个小小的心愿'实现了孩子的心愿。在'育贤'不仅仅孩子的学习成绩得以提高,还锻炼了孩子的决心和毅力,让孩子在今后更加有勇气面对困难、战胜困难",秉持着这样的办学理念,在行动中作为,育贤小学获得了家长和孩子们一次又一次的称赞。

作为"育贤"的一分子,我也将继续默默耕耘在这方充满希望的园地里,继续教育路上爱的故事,为了一个个小小心愿,谱写爱的新诗篇,助力孩子的成长!

(文/张宏)

"育"见我的六分之一

假设我们和每一届学生相处5年,以教师生涯30年来算,他们将陪我们走过教师之路的六分之一。时光荏苒,转眼我就将达成在"育贤"的第一个"六分之一"。也许我只是孩子们童年的过客,他们却是我永恒的"六分之一"。

我曾去南京参加为期两周的教育教学基础素养"回炉提升"项目研修班。出发前的那几天,面对着班里那群从一年级起就看着他们长大的孩子,我一直在纠结是该提前跟他们交代一声,让他们有个适应过程,还是直接由代课老师来转告他们,同时提醒一句"潘老师随时会回来"。这种忐忑的心情,也许就跟父母要出远门,不得不把孩子托付给爷爷奶奶时一样,既期盼着他能在这段时间长大懂事,做出些体贴的行为,又担心他们闯祸。这样想着,在最后一个周五,我还是把我未来两周的安排告诉了孩子们,不出所料,我在他们的脸上看到了惊愕、不安与暗喜。

也是这两周的暂别,让我在回归校园充实自我之余,开始梳理起了这四年中让我印象深刻的一些温暖故事。

林林一年级的时候是个全校有名的"小哭包",几乎每天早上都是哭着被爸爸妈妈拽进校门,再由我把他从校门口接到教室,一路上伴随着他撕心裂肺的哭声。即使当天和同学们相处愉快,放学时开心地跟我道别,第二天早晨,他依然会以"小哭包"的形象出现在校门口。

我知道,他存在从幼儿园过渡到小学时学习上、心理上的不适应。办公室的前辈教师们看我愁眉苦脸,手把手教我怎么跟孩子谈心。想到每天给大家添麻烦,我心里别提有多内疚了。想着教师生涯才起步,就遇上了难事,那段时间的早晨,我最担心的就是保安通知我到校门口接林林。

终于有一天早晨,校长牵着林林的手把他带进了办公室。她慈爱地把林林拉到身边,非常自然地就与他聊起了天,又夸林林"说不哭就不哭了是个男子汉",又与林林达成了小约定,不一会儿林林就满脸笑容地去教室了。

林林走后,我不知所措,正准备接受校长的批评,没想到校长轻松地对我笑笑,告诉我孩子是要鼓励的,作为新手老师,多准备些奖励措施能帮助拉近和学生之间的距离,继而便转身离开。没有指责,没有给予压力,却更激励了我要积极面对难题,要摸索出一套行之有效的方法。于是我排查原因,和林林的父母沟通,多发现林林的优点,给予他信心。我不求一步登天,只是把握住教育中的小确幸,多管齐下,不知从哪天起,"小哭包"消失了。

就这样,在学校领导的信任与鼓励下,我一直陪伴我的第一届学生从一年级到四年级。这四年里,我和孩子们一起成长。四年级第一学期的家长开放日活动中,我和孩子们一起向全班家长呈现了一节班会课。回想起一年级入学准备期成果展示时,第一次看到教室里坐着满满当当的家长,初生牛犊不怕虎的我更多的是期待,这一次,孩子们会积极参与、踊跃发言吗?家长们会满意我的课堂吗?会不会对我感到失望?我一遍遍问着自己。四年时间培养的默契用事实证明我多虑了。"这节课就上到这里,同学们再见!"深深地鞠躬道别后,我受到了当时前来听课的市区级专家、校领导的肯定和鼓励,有家长拍拍我的肩膀,说我上得真好,原来学校的班会课内容是这么有意思。

就这样,我与孩子们走过了一次又一次的四季变换。可是不在学校的两周,我要怎么和孩子们交流,让他们感受到我的陪伴,知道我一直关注着他们的进步呢？我想到了写信的方式,对孩子们来说,读老师给大家写的信,实在是太新鲜了。

一周一封信,信里我向孩子们介绍了南京,介绍了南京师范大学,介绍了我在这里了解到的厉害的人、了不起的事,甚至与他们分享了我对自己教学的反思,表达了对于无法与他们一起参加运动会和秋游的遗憾,更给予了他们最大的信任和支持。同时,我也不断地收到了孩子们的回信,他们的回信内容让我觉得我和孩子们的距离更近了。

在"育贤",我遇见了一群善良可爱的孩子,遇见了一群明理无私的家长,遇见了一位睿智能干的校长,遇见了一群敬业乐群的伙伴。在"育贤",我从懵懂逐渐走向成熟；在"育贤",我找到了属于自己的角色。为了我的每一个"六分之一",我会尽我所能,守护一个个小小心愿,让心愿点亮育贤。

（文/潘姿屹）

走进孩子心灵的"桥"

一直以来,我都很喜欢冰心老人的一句话:"情"在左,"爱"在右,走在生命的两旁,随时撒种,随时开花。走上这一方小小的三尺讲台,豁然发现,这儿是一个浩瀚温馨的世界。我常常因为学生那一声发自肺腑的感激和赞美而快乐着。这种甜美的感受并不在于学生的回报,而在于教书育人本身所蕴含的无穷乐趣。我崇拜讲台的高尚圣洁,在这里,会生出一种无言的神圣与庄严;我羡慕讲台的淡泊宁静,在这里,会有一种摆脱了世俗喧闹的踏实与坦然;我感谢讲台的养育与磨炼,在这里,会有一种自我升华的愉悦。

用"童心"搭起的"桥"

陶行知先生说过:"我们必须会变成小孩子,才配做小孩子的先生。"

记得那个下午,我和一个家长在谈心,聊着聊着,那个家长对我说:"陈老师,你知道吗？现在的孩子真的不得了,他们有很多想法,对老师会品头论足一番。我儿子对我说,妈妈,陈老师为什么不生小孩啊？要是她有小孩了,就能走进我们的心里,真正理解我们了。"我立即心里一颤,一直以来自认为还比较理解学生的自己竟然被认为是一个不懂他们的老师。第二天,刚好有一节班会课,我就索性在课上让他们尽情诉说平时我对他们不理解的地方,我想听听他们平时到底有多少心事、我对他们有多么不理解。在沉默了一会儿之后,"控诉"便开始了,小A第一个站起来,只见他小声地说:"陈老师,那天,我们去春游,我带了悠悠球去,在回来的路上我拿出来玩,结果被你没收了。陈老师,你知道吗？本来春游是我们盼望已久的开心事,那天我不知道有多高兴。"显然,他忽略了我没收悠悠球的初衷,因为在路上玩是非常危险的事,而且经过再三提醒,他依然充耳不闻。但是想想,他说的理由,也确实够充分的,从孩子的世界考虑,他说的似乎一点都没错,可能我当时处理的方式真的有些不妥,没从孩子的角度去考虑。"控诉"还在继续,我陷入深深的思考,是的,也许我们老师常常会说这个是为了学生好,那个是不能那样做的,我总是以自己的眼光去看待问题,以成人的思考去处理问题。多听听他们的心声,多走近他们的心里,当我们真正理解孩子的时候,也许教育真会有意想不到的惊喜。

一个受孩子爱戴的老师,一定是一位有爱心的老师,一定是一位有人情味的老师。只有爱心能够滋润童心,只有童心能够唤醒爱心。只有拥有爱心的老师才愿保持一颗童心。

用"耐心"搭起的"桥"

耐心是一切聪明才智的基础。作为一名教师,我们应该耐心等待,给孩子足够的时间;耐心指导,给孩子搭梯建桥;耐心发现,找到学生身上的闪光点;耐心教育,找到开启孩子心门的钥匙。只有我们有了足够的耐心,我们才能不断地发现孩子们的闪光点。

我曾遇到过这样一位学生,他经常惹出麻烦,常有任课老师向我反映他上课表现不佳,也会有同学向我反映他课间违反纪律的行为,我为他伤透了脑筋。好几次,我都耐心地教育,终于发现这个孩子是一个内心非常敏感、缺爱的孩子,于是我经常主动地找他谈心、聊天,有时候也嘘寒问暖,慢慢地,他对我放下了戒备。我也因此而了解了他的家庭背景,父母经常奉行打骂教育,脾气一上来就控制不住自己的行为,让这个小孩在身体和心灵上都受到了伤害。试问一个没有得到过父母爱的孩子,怎么会去爱别人、爱自己和爱这个社会呢?在他眼里社会是灰色的,他没有希望。我心里非常心疼这个孩子,我和他像朋友一样交流,让他感受到老师对他的爱与关心,在我的耐心开导下,他冷冰冰的心也开始融化,变得和善,变得愿意为别人着想。

如今,他已经五年级了,虽然我不教他了,但每年教师节我都会收到他的手绘贺卡。有一次,他曾写道:"谢谢您,陈老师,以前从来没有一个老师对我那么好过,我第一次发现原来也有老师是喜欢我的。"那一刻,我内心满是感动……

孩子的心灵是纯洁而秀丽的,如水晶;孩子的心灵是脆弱而易碎的,如玻璃。我们要欣赏着他们水晶般的心灵,更要保护着他们玻璃一样易碎的自尊。

有人说,一个老师最大的失败是他不爱他的学生,其实一个老师最大的悲哀是他的学生不爱他。作为一名平凡的教育工作者,我深深懂得,教育是爱的事业。这种爱是"一切为了学生,为了一切的学生,为了学生的一切"的博大无私的爱,它包含了崇高的使命感和责任感。教师应当有爱的情感、爱的行为,更要会爱的艺术。

我想,我是幸福的,因为我爱我的学生,同时也收获着学生的爱。爱是幸福的,被爱更是一种幸福。育贤,因为有了这些幸福而有了温度。

(文/陈凌倩)

"集章拍卖"活动引发的育"贤"故事

一位学者听说世界上有一种"移山大法",他拜访许多名师决心学会它,但都未能如愿。偶然的一次机会,学者遇到了一位禅师,禅师告诉他,世上根本没有"移山大法",只有一种办法能达到学者的愿望——山不过来,我就过去。

每周的"集章拍卖"活动在班会课上照常进行着,孩子们兴致勃勃地数着语文书上的优秀章,眼睛直直地看着我手里的小奖品,生怕一个不留心就被其他孩子拍去了,他们奋力地喊着"十个章""二十个章""二十五个""三十"。当"三十个章"的话音刚刚落下,教室里安静了,其他孩子用羡慕的眼光望着她……显然,平时这些优秀章收集得越多的孩子,在拍下自己心爱的奖品的时候更有优势。

奖品不大,都是些小橡皮、透明胶、文件袋等小文具。但在孩子们稚

嫩的眼睛里，这些东西的价值，往往大如天。因为他们心心念念，盼了一天又一天，每天花了一点又一点的努力，每次交了一份又一份认真的作业，集来了"章"，终于盼到了班会课的到来。

就像陶行知先生曾经说过的那样："你不可轻视小孩的情感，他给你一块糖吃，是有汽车大王捐助一万万元的慷慨。他做了一个纸鸢飞不上去，是有齐柏林飞船造不成功一样的踌躇……"在孩子们的内心世界里，所有的成功、失败、努力、尝试、收获等之后的情感都是那么热烈而真实。

在全班都为之沸腾的时刻，班级的某个角落里，却有一两双眼睛看着手里拍到奖品的孩子们，看着我……而这些同学的书上，一眼望去，只有零星的一两个优秀章，往往一个学期结束也拍不到任何一个奖品。这些学生，平时的上课效率、作业质量、对待学习的态度都有些小问题，所以达不到敲优秀章的条件。可是他们的心又何尝不是同其他孩子一般，渴望通过努力去拍到自己想要的小奖品呢？每一个孩子的心里，又何尝不希望得到老师的赞扬和肯定呢？这些个别孩子的问题就如同一座大山，重重地压在作为班主任的我心里。

回顾进入教师岗位之前的职前培训，有一个问题被在场的教师们争辩了许久，那便是："班级中总有那2%的学生是对学习没有积极性的，作为教师的我们是该放弃还是该坚持？"教师们纷纷发表了自己的观点，我依然清晰地记得当时我的观点是坚持。在教育教学岗位的这一年多时间里，我也曾怀疑、犹豫，在这些个别孩子身上花了许多精力和时间，可是收获往往达不到自己的预期。与身边的班主任们交流心得时，也总能听到一两个这样的案例，班主任们的话语中多少透露着无奈和不知所措。直到有一次，一位家长来私聊我，对我分享着她作为家长的想法，她说自己的孩子虽然在学习方面的确没有其他孩子那么开窍，但是在其他的方面有很多优点：比如，生活中总能想到一些父母都想不到的好点子，舞蹈方面也表现出优于他人的能力……看了这位家长一字一句打在聊天框里的一长段一长段的内心想法，我深刻意识到，即使这2%的学生对于学习没有积极性，可是在其他的方面，总能展现个人的优点。因为，世界上会发光的东西可不只有金子……

于是，我带着新的眼光去看待班级里的每一个孩子。有一次，我看到黑板上的田字格被擦得干干净净，没有一丝粉笔的痕迹，我表扬了一句："能把每一件小事做好的人一定能成就大事。"这句话便被那个擦了田字格的孩子记在了心里。于是，每节语文课下课，都能看到那块干净的田字格闪耀在黑板上，我想那便是一颗小小心灵放出的光芒吧！之后，我又在班会课上强调了这件事情，大大赞扬了在生活中能把每一件小事做好的人。我告诉孩子们，每一件小事是你认真听完一节课、端正地写好一个字、自觉完成一份作业、用心对待每一秒……

那一刻，我分明看到了许多双眼睛变得明亮起来，绽放出耀眼的光芒。那一刻，孩子们溢于言表的兴奋和感动，也深深感染了我的心。这一瞬间，我明白了什么才是"山不过来，我就过去"的内涵。

作为一名老师，作为一个班级的班主任，面对形形色色的孩子们、千万个不同的小小心灵，应当用肯定的目光去看待他们，用一颗灵魂去感受另一颗灵魂，这才是教育的真谛！

（文/韩晓）

理解儿童,做他们的良师诤友

我是一名普通的小学老师。从教15年,我仅凭着对教育的热情和认真,在平凡的工作中努力地发现、体味,践行平凡中的不平凡。

我发现,我做老师有些"孩子气"。一次课间操的时候,我带领孩子们到操场上运动。一会儿,小慧跑到我跟前说:"老师,来和我们一起跳绳吧!"一会儿,小洋对我说:"老师,和我们几个跑步呗,看看谁快!"一会儿,小明悄悄地对我说:"我们来说悄悄话吧。"……在结束前,我和同学们聚在一起玩自拍,有的学生在我的头上做鬼脸,还有的跑到我前面睡着抢拍照的最佳位置。看着他们开心的笑容,我知道他们忘却了我是一个老师。在他们的眼里,我就是他们的一分子,确切地说,是他们中的一个"孩子王"。

也许有人会说,我这样太"孩子气"了,但是,这就是真实的我,学生

从我的情感里也慢慢地了解我。事实证明,我和学生越相似,学生就更亲近我。陶行知先生说:"我们必须会变成小孩子,才配做小孩子的先生。"只有这样,才能成为真正的"孩子王"。

我做老师,理解、尊重孩子。教育之所以不仅是一门科学,更是一门艺术,就在于学生之间存在着巨大的差异。疫情中在线学习时,有的家长跟我反馈说在家装了摄像头,看到孩子学习时小屁股总是坐不住,真想暴打一顿;有的家长说孩子作业比较拖拉,一会儿找点吃的,一会儿要喝水,根本不集中。每每听到他们跟我抱怨,我都会说:五根手指还有长短,更何况是孩子。没有差异,教育的价值大概就失去了大半。

小文是我的一个学生,学习的方法有些问题,总背不出单词。但是他书写漂亮,我经常在班级里表扬说,他的英文书写像他人那样帅气。他爱劳动,乐于助人。放学后,家长还没来接他,他会主动帮助打扫教室,还会主动跑过来问我要不要倒垃圾。每当他对我笑时,我就告诉他爱笑的男孩运气不会差哦。疫情期间,我通过钉钉跟他聊天:"宝贝,最近作业的书写很漂亮,近期表现不错嘛。""宝贝,今天看到颜老师晒你的照片了吗?是不是一个惊喜啊?"……他也会乐呵呵地回应我:"谢谢颜老师,我会继续努力的。"

玩就是孩子的天性,孩子需要在玩的过程中成长。我希望通过努力,他们个个都能成为乐观、积极、一丝不苟的人。

疫情期间,我给二年级学生布置的作业,就是通过各种各样的活动让学生在玩中学。比如,在学习颜色主题的内容时,我布置了一个这样的作业:混合红、黄、绿(或者其他颜色)三种颜色,感受颜色的神奇魅力。于是,我的学生们个个化身为一位位化验员,做起了颜色的小实验。他们边用"This is..."句式介绍手中颜色的英文,边用小棒或者画笔把他们混合在一起,最后用"Mix... and... It's..."句式来描述实验的结果。最终,在这个玩的过程中,学生用眼去观察颜色的变化,学会了yellow + green = blue、red + yellow = orange等原理,学生们仿佛就是未来的科学家。

像这样主题式的活动还有很多:关于 touch and feel,学生们个个化身为魔术师,边描述边让家人朋友猜,进行动脑思考,是未来的表演家;关于 salad,学生们个个化身为顶级大厨,边介绍可口的食物边尝试自己做的美食,还和妈妈分享自己做的 salad,是未来的美食家;关于 rattle,学生们个个化身为工匠师,边制作边演唱歌曲和儿歌,是未来的发明家。学生们个个玩得不亦乐乎。

  想来,今天我是这样做老师的:脸上有些孩子气,眼里不只是"教书",更希望让孩子自由地飞翔。此刻,我想说:不忘教育初心,做一位平凡的老师,我只愿成为你们的良师诤友。

(文/颜妍)

爱的教育，心的旅程

育贤小学是一所充满阳光和梦想的启智乐园。第一次踏进育贤校园，我满怀期待和憧憬，欣赏着精致独特的校园文化，体验着彰显个性的设施设备，心中不由赞叹：育贤小学真美啊！我暗暗下定决心：一定要加倍努力，争取早日成为"育贤"大家庭中的一员。

都说"育贤"是个实现梦想的地方，我成为了一名幸福的"育贤人"。从那刻起，我翻开了一个崭新的篇章，我的青春在"育贤"扬帆起航，我的教育故事也随之开始了……

遇见"小美好"，开启新思索

每一次遇见，都是一次新的旅行。2017年的暑假，我和32位孩子相

遇了，面对一双双天真、充满期待的眼睛，我内心不由地有些惶恐。作为一名新班主任，我该如何管理好班级，如何教育好孩子，如何打造一个特色的班集体？这一系列问题时时叩击着我的心田。于是，我便不断地开始思考与学习。

"戴老师，小李同学昨天的作业到现在还没交……"

"戴老师，小张同学他在教室里随意丢弃垃圾……"

"戴老师，小王同学他这次又不愿意参加集体活动……"

……

作为班主任，每当小朋友跑来向我打"小报告"时，说实话我的心里也很不是滋味。但是作为一个班的"大家长"，我知道我必须要面对这些琐事，这也是我的职责所在。因此，每次接到"小报告"后，我会第一时间向小朋友了解情况，并且耐心地和他们一起分析、解决问题。通过真诚的交流沟通后，我欣喜地发现孩子们的变化，小李同学的作业基本能按时上交了，小张同学的坏习惯也逐渐好起来了，小王同学也积极地参加集体活动了。他们的一个个小变化，我看在眼里，乐在心里，为他们的懂事而感到骄傲。可是没过多久，让我头疼的事又来了，班里又有一部分同学开始调皮了：作业不完成、上课影响其他同学、行为规范不端正……这让我该怎么办呢？一次次的循循善诱貌似收效甚微，我到底该通过何种方式来教育呢？

创设"学币制"，激发新动力

正当我迷茫、不知所措之时，学校的一次"文馨讲坛"活动给了我极大的启发。学校邀请到了上海市班主任工作室主持人冯志兰老师，冯老师将其班主任的宝贵经验传授给了我们，让我收获颇多。其中，对我深有启发的便是"班级代币"制，听完冯老师的介绍后，在班级管理中我也积极开展班级"学币制"。

为了让每一个孩子都有得币机会，我设置的奖励项目包括学习、纪律、劳动、卫生、礼仪、活动及竞赛等各个方面，并且尽量细化奖罚项目的每个方面，如学习进步显著奖励5学币，作业不完成扣3学币等，每周统计每位同学的得币总数。当孩子们看到评比栏内数字持续增加，学习的热情、好好表现的动力也会持续高涨。得币多的兴高采烈，好好谋划着期末要兑换什么礼品。得币少的也摩拳擦掌，暗自鼓劲，争取要超过某个目标。

自从"学币制"推行以来，我们班可以说是焕然一新，各项学习和常规活动开展得如火如荼。平日里透明的玻璃、整洁的桌椅、干干净净的讲台、一尘不染的地面，既是同学们坚持清扫的成果，也见证了卫生委员轮流坚守的辛苦。一段时间下来，我发现孩子们的变化是可喜的，他们认真负责的样子着实让我感动。这些为班级服务的事情培养了孩子们的责任感，激发了他们的主人翁意识，这让我们整个班级更加团结、有序。孩子们一路拾币，一路采撷丰收的果实，一路体验成长的乐趣。为了心中的梦想，他们正努力着，人生的梦想也从此扬帆启航。

组建"公众号"，记录好时光

校园生活是美好的，每一个美好的瞬间都值得我们留恋，值得我们去回顾。担任班主任的第一年，我想帮孩子们把他们在"育贤"的点点滴滴美好的学习生活记录下来，于是便创建了一个属于自己的班级公众号，我给它取名为"忆往昔我们风华正茂"。班级的公众号里，记录着孩子们的成长足迹，记录着孩子们的欢声笑语，更记录着我与他们的美好故事。

为了激发每一位学生的自信心，在班级公众号中，我还设置了学生自我展示专栏、每月进步之星以及获奖表彰，在专栏中每位同学都能展示自己的特长，他们的作品和节目形式多种多样，有舞蹈、唱歌、书法、乐器、运动等各方面的展示。在这些展示中，我能惊喜地发现平时少言寡语的同学展示出另一个不一样的自己。这不仅仅能增加同学的自信心，同时借助同学之间的评论与转发，在无形中拉近了同学们之间的距离，也给了参与展示的同学足够的信心与力量。

当初，我也问过自己这样一个问题，这到底能坚持多久？这样做不累吗？时间过得真快，一晃就三年了，我现在能很自豪地对自己说："我坚持下来了。"我想到这样一句话：做一件事并不难，难的是在于坚持，坚持一下也不难，难的是坚持到底。为了自己心中的那一份爱与责任，我将会继续坚持下去。

　　三年来,我始终怀着满腔热情,和我的孩子们在学习和成长的道路上结伴而行。孩子们因为有我的陪伴而快乐,我因为有孩子们的同行而幸福。我们一起在快乐的班集体中,共同编织美丽的梦。三尺讲台,我用小小的力量温暖着孩子们。而正是他们的信任,让我如此幸福,让我获得了人生的美好回忆。

　　梦想起航,青春闪光。幸福和成长伴随着我在"育贤"的每一天,在这么温馨美好的"育贤"校园里,我将继续努力,将青春挥洒在"育贤"的三尺讲台,让我的青春在"育贤"闪光!

(文/戴嘉俊)

自理自立，我能行

2018年9月，我带了一个一年级新生的班。开学第一周，我发现一些学生的桌面不够整洁，抽屉里塞满了东西，每次下了课换书本时，都会有东西散落下来，整个座位看着杂乱无章。小王同学就是存在这个问题的同学之一。因为不会整理，他经常是放学后最后一个理完书包的。期间，我仔细观察了他理书包的过程，因为物品杂乱，他需要反复调整放书本进书包的动作，效率很低。

改变：自立节提供了好机遇

9月，恰逢学校的自立节，这是学校于2017年开始每年都会举办的活动。根据学生不同年龄段安排不同的实践活动，还设置比赛来激发学生的积极性，旨在增强学生自理自立的能力。

对于刚进入小学的一年级孩子来说，这正是一次培养自己动手能

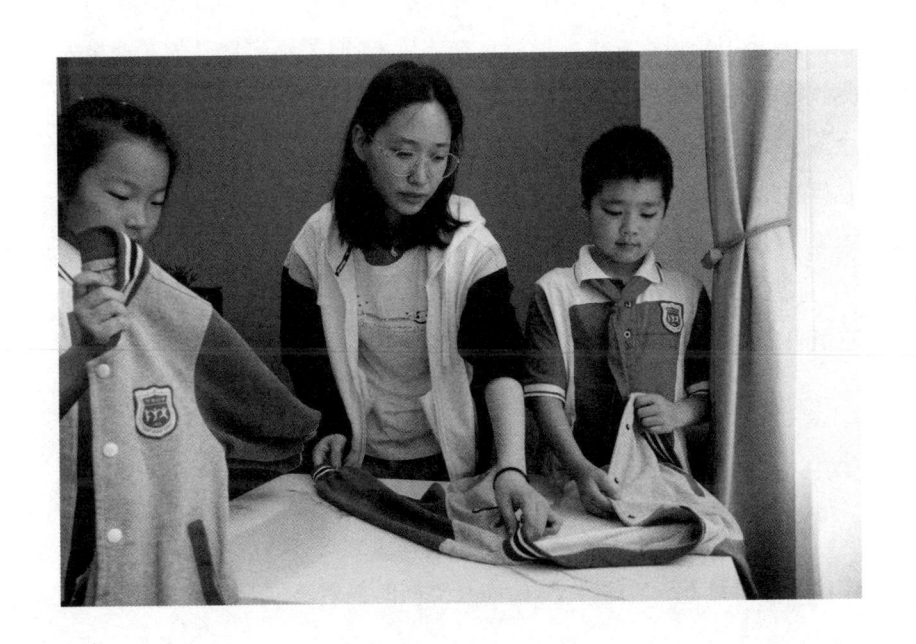

力、快速有效整理书包的好机会。借着自立节"人人参与"的活动理念，我让学生趁着双休日在家好好练习理书包，争取在班级比赛时做到又快又整齐。转眼就到了周一，当我说出要进行班级的理书包比赛时，同学们个个摩拳擦掌，抓起书包就要开始。小王同学同样怀揣着这份激动的心情，但明显可以看出他的手忙脚乱：他拿起了桌上的书本，但看着同桌拿了书包，他又放下手中的书，转身从椅子上拎起书包。我叫停了他们，先整顿好秩序，再给他们5秒的时间思考理书包的顺序。

在我看来，思考很重要，每一次整理进书包的东西都不一样，观察要先于动手实践。下达指令后，孩子们有的信心十足，有的蹙眉瞄着桌上和抽屉里的东西。5秒很快就过去了，我一喊"开始"，孩子们像上了发条，将从书包里倒出来的东西整理好塞进去。

当时，小王同学的表现出乎我的意料，他是全班第5个整理好书包的学生。他举起手后，我看了一眼他的书包，里面确实整理得很有秩序。我知道，他肯定在家里好好练习了，改变了自己原先没有条理的塞书陋习，学会了按照书本、文具大小的顺序放置的方法，这让我很欣慰。

在那次的自立节活动中，不止小王同学，还有一对同桌也有了很好的改变。这对同桌很特别，他们的座位经常紧挨在一起，桌子上的学具也交杂在一起，看似不分你我，然而矛盾不断。

"老师，他拿了我的铅笔！""老师，我的东西在她那里。"这样的口角矛盾、打小报告频频发生。然而自立节后，他们了解到自己的东西要时刻收拾好，这样才能避免落在同桌那里。特别是有一次，我正好看到一个孩子在整理桌面，便走过去表扬他，同桌见了，也马上整理起来。自那之后的几次预备铃时间，他们互相提醒、排好自己的座位、换下节课的书本等。

孩子们在自立节的一系列活动中发生了改变，逐渐用行动展现着自己的自理能力与成长。

习惯：在长期积累中养成

忙碌又新奇的小学生活还在继续，自立节过后的一段时间，小王同学似乎又回到了最初的样子，他的桌上同时摊着不同学科的书本，书本或合上或打开，夹着铅笔或被笔袋压着，无处下手。再看他的脚下，是一支被摔断了笔头的铅笔，一幅美术课画过的作品，作品上还有个黑糊糊的鞋印。

课间休息的时候，我就走到他的座位旁，开始跟他谈心。"小王同学，老师发现你的座位和别人的有些不一样，请你观察一下，哪里不一样呢？"小王同学看看自己的桌面，又看看同桌的，他开始整理自己的桌子。我静静地等他手忙脚乱地收拾完，才开始说："小王，老师还记得你自立节理书包时又快又整齐的样子，其实，课桌也是一样的，需要我们按照一定的顺序，定时整理好，以后每节课下课记得整理，能行吗？"小王马上点了点头，摆正了椅子，准备上课。

成长不是一蹴而就的，而是在长时间的积累中养成越来越多的好习惯。小王平时在校打扫卫生的积极性也很高，每次我说检查一下自己的周围是否整洁，他都会第一时间动起来，座位周围也比之前整洁了很多。打扫结束后，我对小王说："老师觉得你长大了，把自己的东西收拾干净，就是你比之前进步的地方。"那一刻，小王害羞地低下了头，但脸上难掩笑意。

孩子们适应了小学生活后，我决定逐渐放手班级大大小小的事务，让他们自己来完成。"谁愿意做图书角管理员？"一双双小手举了起来。"那么举手的小朋友中，谁会整理图书角呢？""我会！"我看到小王迫不及待地高举着手喊了出来。于是，我决定让他先来说一说。"书要按照从大到小的顺序排好，最大的靠着柜子的边，所有的书都要竖起来放，把有书名的一边朝外。"小王一边说，手一边在腾空摆弄，语气越说越急，我赶紧让他来到图书角摆放一遍，当他终于把所有的书摆好时，同学们自发鼓起了掌。那一刻，他神气地走回了自己的座位。小王积极性高，包揽了越来越多的班级事务后，也就养成了有序整理的习惯，他做起事情来更是游刃有余。

成长有很多表现的方式，或许今天自立，明天成长。从杂乱无章到摆放得整整齐齐，小王花了一年不到的时间。自立节的活动虽然不长，通过一次比赛，孩子们找到了理书包的方法，也从中感受到做自己力所能及的事情很光荣，得到了自我满足感。这对像小王一样的同学来说，是一个开始，是一种激励。

(文/沈鑫玥)

花开有声，幸福成长

"育贤"是我们梦想的家园。在"育贤"这个大家园中，我们是园丁，我们也是行者，一路走来，我不断学习、不断实践、不断思考、也不断努力完善自己……

选择了教师，三尺讲台自然就成了我们的"驻地"，回想上班之初，三尺讲台让我感到既神秘又紧张。它承载了我很多的第一次：第一次上课，担心课堂效率不够高；第一次面对家长会，紧张地怕自己说错话……经历了无数的第一次、第二次、第三次，三尺讲台对我不再神秘，我不再紧张，更多的是思考和感悟。在几年的教学中，我真正体会到做一位老师的乐趣，也让我深知：学生喜欢的老师一定是对他们付出真情真心的老师。在上课的过程中，我也曾遇到许多困难：譬如学生的不配合就常常令我无可奈何。小学生好动，而且注意力非常容易分散，这样很容易开小差，影响教学效果。为了改善这种情况，我给每个小朋友提出了"用星星换奖品"的奖励方法，哪个学生认真听课，就给哪个学生一颗星。这

种方法取得的效果很好,以前常常有学生在下面开小差,我喊破嗓子都没办法控制,现在却可以很好地控制,直接向课堂要效益了。同时,小学生也喜欢被表扬,于是我根据他们的个性和年龄特点,非常注重鼓励他们。只要他们答完问题,我都用鼓励性且有针对性的语言表扬他们,而不是简单地说"真棒"。孩子们得到老师的赞扬,积极性提高了,久而久之,就养成了敢于举手回答问题的习惯了。这样,充分活跃了课堂气氛,学生情绪饱满,取得了很好的教学效果。

从起初的紧张到如今对三尺讲台的热爱,育贤校园也见证了我从紧张到从容的进步、从汗水到收获的喜悦、从陌生到熟悉的感情。成长的是教师,受益的更是学生。我们在教学相长中推动自身的专业成长,成就"育贤"学子的美好心愿。

五年的教学工作中,最让我感到骄傲的是虽作为一名年轻教师,在学校领导的信任下,我已有了带领毕业班学生的经验。五年级对孩子们尤为重要,在孩子们的小学学习生涯中,这是我作为班主任陪伴他们一起走过的一段旅程。因此,我格外珍惜,想尽自己所能帮助班级里每一个孩子养成更好的学习习惯,考出更好的学习成绩,为即将到来的初中学习奠定基础,也让孩子们回忆起在育贤的时光都是美好而有意义的。

一天,我收到学生小Z妈妈的微信:"小Z回来和我说:'鞠老师私底下找我和小R说,如果这次调研,我俩能得A,鞠老师会另外给我俩奖励。'从那以后,小Z的学习态度就好很多了,很多东西都是自己要学了。鞠老师,您的鼓励对他帮助很大,真的很谢谢您!"小Z妈妈一条朴实而又真挚的消息肯定了我的细节教育,让我深深地感悟到,改变一个学生,信任与爱心何其重要!

小Z,是我们班学习比较落后的一名学生。他很聪明,但是平时不肯动脑筋,学习上很懒散。做作业时老是磨蹭,回家作业经常少做漏做,即使做了,书写也相当潦草。我找他谈话,希望他能以学习为重,按时完成作业。他认错态度很好,但就是"勇于认错,总是不改"。后来,我改变了我的谈话方式,我采取以鼓励为主的方法,有一次,小Z又没完成作业,我说相信他明天会按时保质保量交作业。当他听到时,眼底升起的光芒令我记忆犹新。为了提高他的学习效果,除了在思想上教育他、感化他,我还特意安排一个责任心强、耐心细致的女同学坐在他后面,目的是发挥同伴的力量,能够经常提醒他。在同学们的帮助和他自己的努力下,小Z各方面都取得了不小进步……

现在,我的第一届学生已经是初一的大孩子了,每每收到孩子们在节日时充满纯真的祝福,每每教师节时见到三两结伴回来看望我们的那一张张笑脸,都让我更加坚信师生之间的那份爱会融化在血液中,会感染更多的人。"随风潜入夜,润物细无声。"很多时候,教育无须大张旗鼓,你的一丝微笑,可以带给学生们好的心情,甚至可以给予一种信心和力量;你的一句鼓励,可以让学生走出生活或学习的困境;你的一次及时的帮助,可以令学生在成长道路上少一份遗憾,多一次机会。

喷泉之所以美丽,是因为水有了压力。每天给自己施加压力,总有一天就能绽放喷泉的魅力。与"育贤"一起成长的这五年,有幸福、有辛酸、有坎坷、有满足,但更多的是我对教师这份事业的坚定。我相信:花开有声,每一次绽放,定都能听见鼓励和赞美的心声。

(文/鞠晓慧)

不抛弃,不放弃

时间,就这样不经意间走过了十一年,在跨过第九个年头之际,是我人生的转折点。不知不觉也已经来到"育贤"两年了,在这两年,有很多让我铭记的时刻,比如第一次跨进育贤小学校门时的激动和忐忑、处理学生问题时的无所适从。来到"育贤"的第一天起,我将自己作为一名刚踏上讲台的职初教师看待,没错,这对我来说,是一个新的起点。

2018年6月28日的那一天,我第一次来"育贤"报到,当我开车来到育贤小学的校门口,门卫阿姨问我:"你找谁?""新教师报道!"我想都没有想,直接这样回答了。除了年龄上的差异,我和新教师一样,重新开始学习。跨进校门,美丽的校园文化让我激动不已,正规的管理模式让我感受到了新学校的魅力。

经过暑假两个月的磨合,我逐步跟上"育贤"的脚步,终于迎来了新

学期开学。这对一年级的新生来说,是一个崭新的开始。对我而言,亦是如此。然而开学第一天,有个叫小Z的女孩子让我印象深刻,她在教室大哭大叫,周围的同学都用惊讶的眼神看着她,这时班上一个男孩子说:"老师,她小班开始就是这样的。"男孩的一句话,让我对小Z开始默默关注。

从开学第一天起,小Z就每天从校门口哭到演艺中心,奶奶再一路抱她到教室,放到座位就立马离开,而小Z却一路哭着追上去。一哄一闹断断续续持续了大半个学期,小Z也成为了全校的焦点人物。

回想7月1日和王老师一起去小Z家里家访的画面,小Z从沙发一路爬到我和王老师后面的桌子边,母亲挺健谈,爸爸从我们进门到出门都是一副冷脸,我和王老师出了他们家门口时松了口气,她爸爸的性格让人不敢接近。

于是,11月底,我约上王老师和徐老师一同去她家二次家访。小Z的爸爸那天还是同样如此,我们三位老师似乎都明白了什么。我一开始以为她是害怕上学,毕竟幼儿园跨入小学,确实需要一个过渡期,可能她还没有做好成为小学生的准备。原来,从小家庭环境对小Z的影响特别大。我从妈妈那里了解到,小Z从小是奶奶带大的,看着很疼爱孩子,却时而打骂。小Z的爸爸也是从小这么过来的,所以父女俩的性格很像。小Z的爸爸在她不听话的时候,甚至会用绳子将她的手反绑,把她关在楼梯口。然而孩子到了七岁,在应该独自融入学校集体生活的时候,她却还是一个人坐在那里,哪怕下课,也不会与同学老师交流。

就这样在哭闹中,度过了一年级第一学期,中途我找过她的奶奶和妈妈无数次,孩子进入不了学习状态,靠打骂是解决不了问题的,校长和书记也找他们家长谈过两次,本以为第二学期会有好转,可是开学第一天依旧如此。

这样的孩子对家庭对学校而言,是特殊的。而我把她定义为"潜能生",我相信她现在的状态并不代表以后也是这样。要进入孩子的内心深处,就要和她打感情牌。一年级第二学期,我们三位老师不会过于关注小Z的学习结果,因为我们知道对她逼得越紧,她就越是抗拒,所以这一个学期她的学习情况比较落后,可以说她的状态就是不是乱写就是不写作业,上课要么趴着睡觉要么躺在地上,父母也管不住,我们只要她能每天正常上学，不哭闹不捣乱，就觉得她已经有进步了。我时不时下课会跟她聊上几句，她不说话，就是点头或摇头，这是为了让她知道老师其实不是凶，只是对每一个同学比较严格，不要抗拒我们班每一位关心她的同学和老师。

二年级，孩子们转眼已经成为小哥哥小姐姐了。而我发现，小Z的学习状态更不如一年级了。虽然她不会大哭大闹了，但是学习完全处于放飞状态，课堂作业没有完成就带回家让父母写。我又与她的妈妈进行了深入的交流。在班上，我找了和小Z住同一个小区的同学在学习上督促她、帮她辅导，甚至让她俩成为了同桌。渐渐地，小Z的学习有了起色，下课偶尔也能看到她微微露出笑容，虽然话不多，但她愿意融入我们这个集体了。在学习渐进佳境的时候，却碰上了疫情，这该怎么办？没关系，只要每天督促小Z并让她妈妈上传作业给我批改，哪怕是读和背的作业，也需要在每天晚上九点前上传，就这样，小Z也没落下任何一节网课。终于等到6月2日返校复课的这一天，小Z一个人躲在楼梯口，我让她的同桌把她带回了教室。而她也没有枉费我这几个月紧紧盯着她的努力，一周一次的视频家访中，和她的谈话虽然很少有回应，但是我知道她长大了……她每天会按时完成课堂作业，会认真摘抄我上课写在黑板上的笔记，虽然已经复课，但是我还是会让她上传每天的读背作业，而她的努力也得到了回报，我没有感到吃惊，因为我相信付出一定会有回报。

还记得曾看过一篇文章，叫《牵着蜗牛去散步》。教育孩子，其实就像牵着一只蜗牛在散步，过程漫长，却需要一步一个脚印。文章里有一句话：孩子是我们在这世上看过的最可爱的人，别让孩子成为一只流泪的蜗牛。尤其是对于特殊的孩子，很多时候我们要换位思考，不能只考虑自己的立场、觉得自己是为孩子好。我不能保证学生在以后的日子里都顺风顺水，但是如果每一次的教育能在他们以后的生活中留下一些印象，那一切都值得……

（文/卫慧）

用心守候,静待花开

在我的手机里有一个相册:《一(4)班的宝贝们》,里面的照片记录了孩子们第一次踏进一(4)班教室成为一名小学生、第一次整理书包、第一次上台表演《三字经》、第一次跳感谢操、第一次步行去电影院看电影、第一次参加运动会、第一次秋游……这个相册记录了小精灵们所有的第一次,也记录了我初为人师时的一步步陪伴。

平时,我习惯了被这些小精灵们围着说话,疫情期间的非"常"假期反而有些安静得令我不习惯。我时时翻看着相册里的照片,看到他们被我抓拍留下的灿烂笑容,隔着屏幕我都能被他们甜甜的笑所感染。

回想起2019年9月,我第一次见到他们,这群纯洁如一片白纸的孩子却让我感到手足无措。每天想着他们能不能吸收课上的知识,担心孩子会不会磕着碰着,那时候嗓子一直都是哑的,感觉很辛苦。他们慢慢学会知识、逐渐变得懂事和暖心,在我心里代替辛苦的,则是意想不到的欢乐和感动。

我每天看着一个个小不点儿颠颠着来到学校,他们肩上背着比自己还要大的书包,看到我时总会昂头跟我打招呼:"夏老师好!",脸上带着甜甜的或者有些害羞的笑容。有时会有孩子跑到讲台上找我说悄悄话,"老师我告诉你一个秘密"。当我带着疑惑问他是什么秘密的时候,他神秘兮兮地告诉我"我昨天晚上换牙了",然后张开嘴巴给我看他漏风的门牙,真是可爱极了!有时会有爱思考的几个孩子一起跑来考我脑筋急转弯,看看谁更聪明,能难倒老师。而我也确实能被孩子们与大人不同的脑洞所打败,对"智多星"投去崇拜的目光。孩子们送给我的在美术课上捏的五颜六色的橡皮泥,在我的办公桌上摆了好几排。

令我印象深刻的是,有一次班会课,我让孩子们写自己心里的小愿望。有一个孩子用拼音写了"我想让夏老师的嗓子赶快好起来"。看到这个小心愿,我心里是满满的感动,原来这群看起来还不会照顾人的小精灵也会心疼人!和孩子在一起会觉得时间过得格外快,看着他们一个学期长高不少,漏风的牙齿越来越多。教学在我眼里原本会是一件很辛苦的事,不知不觉中竟然变成了一件幸福的事。

然而,孩子总会犯错,总有淘气的时候。有时会不好好排队,下课会追逐打闹、上课插嘴、随意讲话,作为老师看在眼里急在心里,便与他们有了多次交流谈心。与孩子一次次的交流中,我慢慢地学会宽容与理解他们不小心犯的错,孩子们都懂老师的批评与指正是为他们好,我也知道了有些时候急不得,得慢慢来。做老师不仅要传授学生知识,更要有人情味儿,要蹲下来,要走进孩子心里,与他们做朋友。在教育教学过程中,老师要心怀宽容,慈爱的目光、温柔的笑容、亲切的言语、善意的批评,这些往往比声色俱厉的严格,更能贴近孩子的心田。爱能在孩子心里埋下种子,而我做栽树人,每天在我的林子里仔细检查着我的每一棵树,确保他们能够得到阳光,确保他们能够长直长高。就像苏霍姆林斯基曾说过的那样:"一个好教师意味着什么?首先意味着他热爱孩子,感到跟孩子交往是一种乐趣,相信每个孩子都能成为一个好人,善于跟他们交朋友,关心孩子的快乐和悲伤,了解学生的心灵,时刻都不忘记自己也曾是个孩子。"

老师的一个微笑、一个和蔼的眼神、一个爱抚的动作、一句关心的话语,都会给学生带来欢乐与感动,更重要的是能使他们爱上学校、学习,埋下乐于生活与学习的种子。

  初为人师，我明确了学校的办学理念——"为实现每个孩子的美好心愿"，这也应成为自己为师的理念，做到心中有山峰，雕刻理想、信念、追求。在未来的日子里，我将认真准备，热爱自己的工作岗位，扎扎实实地做好自己的本职工作，把全部的爱献给教育事业、献给学生，用心守候，静待花开，在育贤小学这片沃土实现自己与孩子们的心愿。

（文/夏倩静）

用爱陪伴成长

自从教以来,我一直在教育这条路上摸索,特别赞同于漪老师的那句话:做一辈子老师,一辈子学做老师。这学习的过程,满载着动情的故事、深刻的感悟。

给予学生安全与温暖

趁着假期对每一位学生进行家访,这是我们"育贤"的惯例。特别是新接班级的教师,更是要对每一位学生有所了解,这样才能因材施教。

那时,小译刚从幼儿园升入小学,作为副班主任与任课教师,我和班主任夏老师一同对她进行了第一次家访。家访的时间约在傍晚,由于当天小译要上舞蹈课,班主任夏老师和我在小译家楼下等了一会儿。等了没多久,只见一位奶奶骑着车带着孙女赶了过来,一招呼,果然这就是当晚的家访对象——小译。

在奶奶的招呼下，我们走进了小译的家中。奶奶是一个开朗、健谈的人，从她口中，我们了解到小译的一些基本情况。这套房子是拆迁房，小译平时与爷爷奶奶共同居住在此，她的爸爸住在另一套拆迁房内。小译的兴趣比较广泛，还参加了一些课外兴趣班……交谈中，奶奶还向我们展示了孩子的一些"作品"，有数字描红，有绘画作品，还有简单汉字的书写等。在奶奶的口中，小译是一个各方面表现出色的孩子。

但与此同时，我分明察觉了一些异样。小译看上去并没有奶奶说的那么开朗，她的眼神分明在躲闪；奶奶也分明在回避一些问题。难道小译身处单亲家庭？这个疑惑在我脑海中徘徊。但是，鉴于奶奶的反应，我决定通过其他途径来了解这一情况。

此时，小译的爸爸进屋了，我们做了简单交流后准备起身离开，并伺机找小译爸爸单独聊一聊。谁料小译爸爸也正有此意，他借口送我们下楼，向我们讲述了奶奶不愿谈及的情况——小译的父母离异了，父亲再婚后与继母育有一子。难怪小译是由爷爷奶奶照料的，难怪她的眼神中带有一丝忧伤。

了解这一情况后，我对小译的学习生活更为关注。在她遇到困难时，我总是鼓励她克服困难；在她需要帮助时，我像朋友一样出现在她身边；在她伤心难过时，我就用拥抱来给予她振作起来的力量……渐渐地，我感受到了她的变化。在我面前，她放轻松了，偶尔还在我面前无伤大雅地撒了一回娇。

给予学生理解与尊重

小帆也是一个单亲家庭的孩子，与母亲和外婆共同生活。关注到他，是在入学前的一次体验活动中。

在那次入学体验活动中，一个小男孩总是喜欢招惹旁边的小姑娘，扯扯人家的衣袖，拉拉人家的小辫儿，玩一玩自己面前的姓名牌。我站在他的身旁，提醒着他要做些什么，并且记住了他的名字——小帆。

开学后，小帆确实成为了一个令老师头疼的学生。排队时捣乱，做操不好好做，上课只顾自己玩……

夏老师和我通过家访、电访、面谈等形式多次与小帆妈妈沟通，分析小帆的行为动机,发现孩子之所以有这些行为,最主要是要引起他人的关注,也就是现在流行的一种说法叫"刷存在感"。

针对小帆妈妈在教育孩子时显露出的无助与失望,夏老师和我都采用鼓励的方式与她进行沟通。毕竟,单亲妈妈独自抚养孩子是挺不容易的,家庭教育指导要建立在相互理解、互相支持的基础之上。针对小帆的一些不良行为,我们在维护他自尊的前提下进行教育,培养他的责任意识。例如他将教室的墙壁画花了,就请他带着妈妈一起将它清理干净,让他知道要对自己的行为负责。渐渐地,小帆变了。

都说师爱是伟大的,殊不知师爱也是有层次的。作为教师,我们更要从理解与尊重的角度去爱学生,用爱陪伴着他们健康成长。

(文/顾玉萍)

第三章
深耕课程，育有心愿的少年

为致力于培养"明事理、爱学习、乐运动、会审美、勤实践"的"心愿少年"，教师实施基础型课程校本化，研发拓展型与探究性的校本课程，建构具有特色的"小心愿"课程和"心愿课堂"。以课程的改变带动课堂、教师、学生乃至学校的改变，让课程润泽孩子心愿。

> 校长心语

丰盈"心愿"课程，实施"心愿教育"

春风轻拂，玉兰花开，每年3月，适龄的幼升小孩子们都会在家长陪同下，走进"育贤"校园，参与"校园开放日"的互动交流，第一次亲密接触"小心愿"课程的丰富与美好。悠扬的校歌一次次回荡在"育贤"校园，一张张孩子们灿烂的笑脸是对我们最大的褒奖。

学校自2015年创建以来，始终秉承"为了实现每一个孩子的美好心愿"的办学理念，以"心愿教育"为学校哲学，以学生发展为根本，坚持五育并举、诸育融合，关注每一个学生的成长需求，成就每一个孩子的美好心愿。我们将学校课程建设与学校内涵发展紧密联系，以课程的改变带动课堂、教师、学生乃至学校的改变，让课程润泽孩子的心愿、成就教师的幸福、撬动学校的发展。

架构体系，培育"心愿少年"

学生发展是课程建设的逻辑起点，教师发展是课程建设的不竭动力，学校发展是课程建设的鲜亮底色。在课程建设的探索过程中，我们经历了从一个个活动到一个个"课程"、再到一组组"课程群"、最终走向"课程体系"的过程，整体架构课程体系，形成了由"小贤人""小文人""小科学家""小健将""小艺术家""小当家"六个课程群构成的"小心愿"课程整体框架。

"小心愿课程"在"五育"上都有所侧重，形成课程中整合、活动中融合、五育并举的课程体系。

"小贤人课程群"侧重德育。着重培养学生的文明礼仪与人格修养，让学生在丰富而有趣的课程活动中，成长为一个个小绅士和小淑女。基础型课程包括《道德与法治》《品德与社会》等。选修课程包括文明礼仪、性别教育、生命教育等领域的课程,具体有《育贤小主人》《成长的脚步》《我爱我家》《多彩毕业季》等。

"小文人课程群"和"小科学家课程群"侧重智育。"小文人课程群"是语言与交流类课程,着重培养学生的人文知识、人文态度和人文精神,让学生广泛接触各类文学作品和意识形态,从而提高学生的文学素养,引导学生学做小作家、小编辑、小翻译等。基础型课程包括语文、英语等;选修课程包括少儿文学历史常识、儿童哲学等领域的课程,具体有《绘本花苑》《话剧梦工厂》《少年中国说》《不服?来辩!》等。"小科学家课程群"是科学与探索类课程,着重培养学生的逻辑思维和创新能力,让学生在实践与探索中发现问题、研究问题、解决问题,使学生成为一个个小创客、小发明家和小科学家。基础型课程包括数学、自然、信息科技等,选修课程包括科技发明、创新思维、stem等领域课程,具体包括《3D创客空间》《百变魔方》《小小机械师》《探秘水世界》等。

"小艺术家课程群"是艺术与审美类课程,侧重美育。着重培养学生的审美情趣与艺术修养,激发学生对艺术的热爱,培养一个个小歌唱家、小舞蹈家和小画家等,为学生的终身审美发展奠定基础。基础型课程包括美术、音乐等,选修课程包括少儿美术、音乐鉴赏、艺术修养等领域课程,具体有《童心稚笔》《水墨丹青》《情迷非洲鼓》《少儿芭蕾》等。

"小健将课程群"是运动与健康类课程,侧重体育。着重培养学生的运动能力、健康行为与意志品质,使学生成为一个个身心健康、全面发展的运动小健将。基础型课程包括体育与健身、心理健康等,选修课程包括球类、棋类、田径、健康教育等领域课程,具体如《围棋天地》《绳彩飞扬》《炫动足球》《心灵小屋》等。

"小当家课程群"是劳动与实践类课程,侧重劳动教育。着重培养学生的劳动技能、职业理想和社会责任感,引导学生在劳动实践与职业体验中规划职业生涯、树立正确价值观,使之成为一个个快乐小当家。基础型课程包括劳动与技术等,选修课程包括《爸妈小跟班》《金牌小助手》《中华点心师》《茶香润童心》等。

学校通过课程实施,满足学生多样化学习需求,全面落实素质教育,提高学生综合素质,培育"明事理、爱学习、乐运动、会审美、勤实践"的

"心愿少年",让每一门课程多姿多彩、让每一个学生得以"美丽绽放"。

实施课程,凸显"心愿特色"

"小心愿课程"涵盖了国家课程与校本课程在内的全部学校课程,其中的每一课程群均包括"1"(基础型课程)+"X"(校本课程)课程,以此为双引擎,学生在课程学习过程中建构相关的学科素养,提升综合能力,为未来发展奠基。

实施"心愿课堂",滋养课程之基。

学校建构基于课程标准的"心愿课堂",在基础型课程的有效实施中夯实基础,使课堂教学"人文化"、教学行为"绿色化"、教学质量"有效化",把"心愿课堂"变得香气四溢,滋润学生的成长。

聚焦"心愿活动",丰盈课程之翼。

学校"X课程"的设置,聚焦每一个孩子的小小心愿,体现了课程知识体系的扩展和学生综合能力的发展,成为学生素养发展的有力双翼,让孩子尽情地驰骋于"X课程"的学习天地。

基于不同的学生需求,"X课程"有三个实施渠道:"快乐星期五"是普及性的学生自主走班课程,旨在为学生提供尽可能多的选择机会和课程种类,帮助学生发现兴趣、唤醒潜质;"快乐330"活动是提高类特长课程,基于学生的个性与潜质对其进行定向培养与提升;"城市少年宫"课程则属于个性定制的综合主题活动,以项目化学习(PBL)等学习方式丰富学生的学习经历、提升学生的综合素养。

丰富载体,拓展"心愿空间"

首先是丰富"心愿"课程的活动载体。我们整合"尚贤皮影馆""茶艺教室""体育馆"等校内场馆资源,也将课程实施延伸到校外,发挥社会实践基地和家长资源,为学生搭建广阔的成长舞台,"亲子课堂""贤爸贤妈快乐成长营"等职业体验活动成为丰富学生课程学习的载体。

其次是拓展"心愿"课程的学习空间。为了实现孩子们的小心愿,围绕"六小心愿"课程,不断拓展学生学习与实践的"心愿空间":

校园节庆：学校为每个孩子搭建了成长的舞台即自立节、体育节、艺术节、读书节、启职节等"校园八大节"，每月一节，在节庆课程中培养"心愿少年"。

假日小队：以少先队实践活动为载体，以中小队活动为抓手，利用班会课和少先队活动课时间和节假日开展实践体验课程，让学生走出校园，走进社会。

研学课程：以"红色文化、中华传统文化"为主题，学生在沉浸式课程体验中完成《观湖印象》《汉服盛典》《南京探寻》等主题课程，在研学中体验特殊的学习经历。

激活赋能，创新"心愿评价"

我们制定了课程教学评价标准，主要包括：教学目标是否饱满、教学内容是否丰富、教学过程是否立体、教学方法是否灵动、教学评价是否缤纷、教学文化是否温馨，以此来评价教师的课堂教学质效。

学校的"小心愿课程"为学生搭建了广阔的成长舞台，我们倡导教师根据学校实际，结合自身特长，以所授学科为原点设计学科特色"X课程"，将"小心愿课程"与基础型课程建立联系，并落实学生"X课程"评价标准。

我们还设置了"秀空间"评价。打开学习空间，留下学习痕迹，"秀空间"就是学生自我激励与评价的过程。学校以"秀空间"为平台开展静态、动态的课程评价，突破了单一的"教师评价"模式，融入了多主体的"生生互动评价"与"家长参与评价"，学生在"秀空间"体验式学习活动中，学会合作、学会尊重、培养自信与个性。

内涵发展，形成"心愿文化"

架构"小心愿课程"是一项复杂而又系统的工程。建校五年来，我们一直在坚持不懈地努力着。首先是夯实了"心愿少年"培养根基。为达成"心愿少年"的育人目标，我们设置了"种心愿、长心愿、强心愿、亮心愿、圆心愿"循环对应的课程目标，夯实学生素养培养的根基，面向全体学生开展全面而有个性的教育，引导学生形成有理想、有追求的自觉意识与行为。

其次是架构了"心愿教育五步曲"实施路径。心愿教育内在的规律是德育的规律，又是贤文化培育的过程，在"小心愿"课程的实施过程中，学校始终坚持"种心愿、长心愿、强心愿、亮心愿、圆心愿"的课程架构与实施路径，学生始终经历着"种、长、强、亮、圆"动态的、反复的、完整的"心愿教育五部曲"的学习过程。

其三是形成了学校特色的"心愿文化"。这种"心愿文化"是以"贤文化"为内核，体现德育与课程、体现教育教学相融、体现学校育人目标，是具有学校特色的办学文化。"小心愿"课程整合、融通学校课程体系的实施路径，学生在"心愿课堂""心愿活动""心愿社团"中不断实现自己的美好心愿。

行走在"小心愿课程"建设之路上，我们坚信每一个生命都是精彩的，我们坚信每一个童年都是美好的，我们坚信每一间教室都是浸润美好的地方，我们也更加坚信"小心愿课程"一定能够为学生的幸福人生奠定坚实的基础。

（文/顾雪华）

育贤叙事

SHOW 出"小心愿"

"我是一个兴趣爱好非常广泛的女孩,我爱绘画、爱手工、爱彩泥……爱生活中一切美好的事物。我有一个小小的心愿,要把我的作品展示出来,给我的好朋友看,给我的同学们看,给更多的人看!"

这是育贤小学二(2)班庞刘玛珈的"小心愿",而学校的"秀空间"平台帮助她以及像她一样的"小达人"们实现了一个个美好心愿。

《基础教育课程改革纲要》指出,评价不仅要关注学生的学习成绩,而且要发现和发展学生多方面的潜能,了解学生发展中的需求,帮助学生认识自我、建立自信,发挥评价的赋能功能,促进学生在原有水平上发

展。基于这一理念,学校搭建了"秀空间"平台,以综合学科中的音乐、美术、科技、体育为突破口,探索与之相适应的学业评价,推动学校课程与评价的拔节与生长。

学校的"秀空间"分为"静态 show"和"动态 show",在"秀"的过程中,教师与学生、学生与学生、学生与家长激情碰撞、合作展示,衍生出丰富、鲜活的教学资源与学习成果。

琳琅满目"静态 show"

"老师,这是我今天美术课上的画,漂亮吗?"小琪激动地将她画的画交到老师手中,满怀期待的眼神透露着她的"小心思"——老师,快夸夸我!

"静态 show"正是源于学生的作业。许多学生都像小琪一样,他们在完成作业或者作品后就想展示给大家看看,希望得到更多人的认可。而事实上,很多时候学生绞尽脑汁完成的东西往往只得到教师一个人的欣赏,严重挫伤了学生的学习热情。

"静态 show"为学生"秀"出作品搭建了一个个平台——晓晓的美术作品和手工绘本出现在学校"心愿大厅"展板上,不仅留下了自己学习的足迹,还激发了更多同学的学习兴趣;心瑶的儿童画、梓涵的中国画、蕾蕾的书法作品陈列在休息区的墙面上,毛毡布上展示着更多孩子的彩泥、衍纸、布艺等手工作品,琳琅满目,令人惊叹原来身边的小伙伴是如此多才多艺。学生与家长、老师一起进行"秀"的布展,体验"秀"的过程,开展"秀"的评价,收获"秀"的快乐!

激情四射"动态 show"

"动态 show"更像是一个激情四射的炫彩舞台。其形式不拘一格,有个人才艺秀、团队挑战秀、师生合作秀、课程展示秀,也有亲子同台秀;其内容多元丰富,有人演课本剧,有人打架子鼓琴,有"钢琴王子"的琴声悠扬,也有"孔雀公主"的舞姿曼妙……

在"动态 show"中,学生还可以邀请教师一起"秀"。这不,午间休息时,"心愿大厅"围了里三圈外三圈,钢琴前,轩轩和音乐吴老师正在表演四手联弹,悠扬的琴声久久回荡。还有"翰墨育贤"师生书画展、"小荷才露尖尖角"师生音乐会、"不服?来战!"体育达人挑战赛……激情四射的"动态 show"让学有所成的孩子跃跃欲试,他们对学习成果有了更为清晰的自我评价,也起到了引领和示范作用,成为令人羡慕的校园"小达人"。

成就美好"秀空间"

"秀空间"以其宽泛的评价形式、丰富的评价主体和不断延伸的评价场所激活了学生的潜能,成就了学生的美好心愿。

无论是"静态 show"还是"动态 show",对于"走秀"和"看秀"的学生来说,都是一个自我激励与评价的过程,每个学生都可以根据自己的兴趣与特长向老师提出申请,老师向学生发展部与课程教学部申报,学校统筹安排展示地点、时间和参与对象,不同的学生都能面向不同的观众,"秀"出不同的个性与特长。

"秀空间"的评委由学生、教师、家长共同担任,评价方式突破了"教师单一评价"模式,融入了"生生互动评价方式"、"家长参与体验评价方式",学生既要评价他人又要自我评价,在"秀空间"的体验式学习中,学会合作、学会分享、学会创新。

"秀空间"实施以来,学校课程与教学的评价模式发生了变化,仿佛打开了孩子们学习的另一个空间,在这个空间里,孩子们更加自信,学习也更加主动——"心愿列车"上、走道里、墙面上,随处可见学生的作品,到处留下学习的痕迹;"心愿大厅"的钢琴不再只是摆设,午间、放学后,学生团团围坐,琴声悠扬;体育馆里,飞叠杯、运球、颠球表演吸引了许多孩子和家长的目光。给孩子一个展示的舞台,孩子必将还我们别样的精彩,"秀空间"让每一个孩子 show 出美好心愿、show 出蓬勃的生命与活力!

(文/钱莉莉)

"一宫一品"，助梦成长

回首过去，选择"育贤"，无怨无悔。这是一个可以绽放梦想与精彩的平台，更是一个充满希望、挑战与机遇的平台。

2015年2月，在顾校长的带领下，我们18位"育贤"的第一批创办者，在工地上，参加了"育贤"第一次教师大会。第一次见面，校长先进的办学愿景、教育思想，同事们的工作热情、团结协作，让我一见"倾心"。"育贤"虽然是一所新建学校，但是有顾校长这位经验丰富且对教育充满热情的掌舵人的引领，有团队的团结拼搏，有家长的信任和期待，有孩子们的努力和奋进。在期待与憧憬中，我开启了在"育贤"的教育教学工作。

2017年，我负责学校城市少年宫的创建工作。学校"小心愿"城市少年宫成立后，多彩的课程丰富了学生的业余生活，得到了家长和学生的

肯定与认可。这时,我也开始思考:如何形成"一宫一品",打造学校少年宫的特色?于是,我们开始了《尚贤皮影》课程的实践探索。

没有专任教师?不怕。我们迅速成立了皮影项目团队,以钱晓萌为首的青年教师们积极参与其中,我们还邀请到了区皮影传人严老师担任学校皮影课程的指导老师。

没有设备?也不怕。在奉贤,还没有专门生产皮影表演设备的厂家,这些设备需要量身定制。对于皮影一无所知的我们,在参观完一些皮影基地和皮影馆后,开始模仿着去定制属于自己的皮影设备。无数次的沟通和图纸更改后,在传统皮影设备的基础上,我们进行了改良,定制出了独一无二、功能齐全的皮影设备。接下来幕布的定制也是一波三折,由于皮影设备所需的幕布做工要求高、制作过程繁琐,但所需布料少,利润并不高,有些商家不愿意做。几经周折,终于找到一家愿意尝试做一做的商家。好事多磨,拿到成品后,我们发现幕布尺寸和皮影架不符,相差了近2厘米。对于平常的布艺品来说,2厘米的误差实属正常,但是对于皮影而言,几毫米的差距就会影响皮影的表演效果。因为商家不愿意上门修改,我一遍遍地拿着幕布,跑到商家去修改,直至分毫不差。

终于,在紧锣密鼓的准备后,《皮影小传人》课程如期上线了。这时,校长又给我们提出了更高的要求,如何传承皮影文化?如何开发皮影综合实践课程?如何在课程实践中培养学生的学习素养?我很迷茫,但校长的鼓励和指导,让我迅速找到前进的方向。我认识到:一个课程的开发,既要关注学校课程目标、课程计划的制定,也要重视课程开发与实施的有效落实。渐渐地,我对课程的研发也有了自己的思考。在学校课程教学部的带领下,我们带着问题,带着思考,边研究,边实践。

迄今为止,我们皮影项目团队申报了一个项目——区特色项目《创客皮影馆》,开发了系列课程——《皮影故事》《纸艺皮影》《皮影工坊》《皮影小传人》,带领孩子们学习编写皮影故事、绘制皮影人物,学习皮影人物操作,参与皮影表演。我们还带领学生前往上海非遗文化基地,开启皮影戏拓印非遗之旅,探秘"百态影子",传承皮影文化。

学校目前拥有一间皮影馆,拥有一支项目教师团队,更拥有一群阳光快乐的"皮影小传人"。我们的皮影小传人们多次在区、校级活动中展演,钱晓萌老师的《皮影小传人》课程被评为区少年宫精品课程。而我也有所成长与收获,不仅成为了区青年优秀教师,也成为金哲民特级校长工作室的一名成员。

一路走来,我很幸运。我庆幸自己是"育贤"的老师,遇到问题,我们群策群力,用团队的力量,尽最大的可能,一起解决问题。

回首那段忙碌充实的日子,总觉得亲友围坐,灯火可亲。是这么一群可亲可敬的人、是这样温暖有爱的集体,让我快速成长和蜕变。

凡心所向,素履以往,生如逆旅,一苇以航!我会永远耕耘在这一方充满力量和希望的教育沃土之上!

(文/范芳芳)

花木兰的征战之旅

"唧唧复唧唧,木兰当户织……"2018年的初夏,一首《木兰辞》在"育贤"校园响起,一群"育贤"娃身着红衣,诵响巾帼英雄花木兰替父从军的故事。谁都不会想到,这一群花木兰们不仅在区级舞台上崭露头角,更是将《敬贤人 承忠孝》这一节目带到了市级舞台,让全上海都听到"育贤"娃的《木兰辞》。

"育贤"有"六小心愿"课程,其中《吟诗唱词》属于小文人课程,旨在传承中华民族的经典文化,让学生们在吟诵经典名篇时,领略中华文化的源远流长、博大精深,学习古人热爱祖国、忠孝节义的精神品质。单一的诵读会让学生觉得枯燥,借着区里举办古诗文诵读表演的东风,我与学生们也尝试了另一种形式的诵读经典。

诗词：发自内心诵出来

古诗文诵读表演,顾名思义,"诵读"是基础。我们的学生在平时的诵读中虽然能模仿着老师的语音语调规范地吟诵,但因为无法感受到诗词中表达的情感,无法对诗词中的人物共情,所以不能发自内心地吟诵。因此,在确定吟诵篇目为《木兰辞》的时候,第一要务就是让学生了解花木兰的事迹,体会每一句、每一段中人物的心理活动。

"唧唧复唧唧,木兰当户织。不闻机杼声,唯闻女叹息。"写出了木兰的烦恼、忧愁,想到自己的父亲已年迈,无法上战场,心中忧思难解。"万里赴戎机,关山度若飞。朔气传金柝,寒光照铁衣。将军百战死,壮士十年归。"描绘了战场千军万马、金鼓连天的气势,刻画了巾帼英雄花木兰英勇善战的形象。"雄兔脚扑朔,雌兔眼迷离;双兔傍地走,安能辨我是雄雌?"写出了花木兰的自豪与骄傲。

当同学们了解了花木兰的事迹,知道了每一句所描写的人物形象和心理活动之后,就会发自内心地倾情吟诵。录音时,每一位同学都铆足了劲儿,全身心地投入吟诵,声音清亮,情感真挚,效果非常好。

经典：自信大方演出来

诵读过关了,接下来就是表演关。对于语文老师来说,要排出一台能登上舞台、能让大家眼前一亮的节目可真不容易。

几天的时间,我与合作老师一起研究每一个段落、每一个情境的动作,循环播放学生们的诵读录音,不断地找灵感想动作。当我们把表演动作教给学生们时,她们脸上满是羞涩,有的学生做起动作来束手束脚,鼓起勇气表演后还不好意思地捂住自己涨红的脸,我知道接下来就要让学生不断地打开自己、释放自己,找到登上舞台的自信。在表演团队中,有一些学过舞蹈的女孩子,登台经验很丰富,因此在排练的休息时间,我会放一些学生们熟悉的歌曲活跃气氛。这些女孩便会跟着音乐起舞,不仅增进了同学之间的感情,而且还让其他学生也加入了展示自己的行列,渐渐地大家在表演时越来越从容。

当"育贤"的"花木兰"们登上区级舞台时,一个个都昂首挺胸,拿出最好的精气神,将诗词通过清亮的声音吟诵出来,将经典自信大方地表演出来了,这也为后来参加上海市古诗文大会诵读表演赛总决选并取得优异的成绩奠定了基础。

文化:薪火相传秀出来

古诗文大会诵读表演赛不仅展示学生们的诵读表演,还要传承中华民族的经典文化与可贵的精神品质。在《敬贤人 承忠孝》的诵读表演中,学生们不仅学会并了解了《木兰辞》,还为花木兰的忠孝节义动容。除此之外,我们还与中国民间经典艺术"皮影戏"来了个亲密接触。

为了吸引评委们的眼球,在节目中创意是很重要的,在我与老师们商讨后,决定将我校校本特色课程"尚贤皮影"融入表演中,以皮影戏的方式来演绎木兰在家织布、忧思难解的样子。学生们一个个都觉得无比新鲜,趁这个机会也纷纷体验了一把操作皮影人偶的感觉,纷纷感叹古人的智慧,这小小的皮影人偶竟能演出活色生香的剧目,真是了不起。

当我们把皮影搬上舞台时,无论是区里的还是市里的评委、观众们都眼前一亮,被隔亮布上的皮影木兰深深吸引了,随后四块背景板移开,引入大家眼帘的是一个个精神焕发、一身戎装的"育贤"的"花木兰",又给大家心中带来了新的震撼。

凭借着师生们的倾情演绎,《敬贤人 承忠孝》在上海市古诗文大会诵读表演赛总决选中获得最佳表演奖的好成绩。从校到区,从区到市,"育贤"的"花木兰"们也仿佛出征的花木兰将军一样,不断向更大的舞台进军,将经典流传得至深至远,将花木兰的忠孝节义深深印入了每一个人的心中,而学生们也经过这一次特别的体验,真正爱上了经典诵读,领略到了古诗文之美,被古人的精神气节所震撼。

(文/唐晓霞)

起舞,追梦
——梦精灵舞蹈队的圆梦之旅

时光飞逝,转眼间,加入育贤大家庭已经第五个年头了,曾经的相识还历历在目。还记得初次来到育贤,看见校门前泥泞的小路、未竣工的校园、水泥灰的墙壁;还记得第一次参加"育贤"的教师大会,炎热的七月,毛坯教室中,十七位教师的自我介绍;印象最深的还是初识育贤舞蹈队的精灵们……

初识小精灵

2015年的9月1日,对于每一位老师和孩子们来说,是平凡的开学第一天,而对于我和育贤小学梦精灵舞蹈队的二十五位小精灵来说,却是意义非凡的一天。时间倒回到八月中旬的某一天下午,我与二十五位育贤的小精灵们相识了。为了准备开学典礼,孩子们放弃了美好的暑

假,在没有空调、没有风扇的教室里,开始了为期十天的舞蹈排练。虽然条件艰苦,虽然时间紧任务重,可这些刚刚离开幼儿园的孩子们却不喊累不叫苦。训练强度大,擦干汗水继续跳;动作不到位,擦干泪水继续练。随着开学的日子一天天接近,我的心也跟着悬了起来,但是看着一张张稚嫩而充满灵气的小脸蛋以及孩子们努力的付出,我坚信,我们一定能完成这个光荣而艰巨的任务。终于,在开学典礼上,孩子们精彩的表演赢来了阵阵掌声。也就是这次美好的相遇,坚定了小精灵们对舞台的热爱。

小身体大能量

从此,小精灵的身影总能出现在学校的各种活动中:一年级准备期、读书节、体育节、艺术节……同时也出现在一次次的区级、市级比赛中,还记得我们第一次参加奉贤区童谣比赛,比赛主题为"好家风　好家训",为了让节目效果更丰富,我在节目中设定了爸爸、妈妈、爷爷、奶奶的角色。孩子们为了表演,回家学习爷爷奶奶做家务,模仿爸爸妈妈工作。孩子们带来了奶奶的毛线棒,带来了爷爷的老花镜,带来了妈妈的围裙,带来了爸爸的西装,一个个都像个小大人,模仿得有模有样。比赛时,静动结合,安静地表演,抑扬顿挫地朗诵,年级最小却表演最精彩。评委们纷纷竖起了大拇指,最终赢得了全区第一名的好成绩。小小的身体蕴藏着大大的能量,每一次我们都是全场年级最小的队伍,成绩都名列前茅。

我们的默契

一次次的活动中,梦精灵舞蹈队的小精灵们都表现出了对表演的热爱、对舞台的热爱。一分耕耘一分收获,每一次的好成绩都凝聚了我和孩子们共同的努力与付出。排练中流下过汗水也流下过泪水,甚至会因为道具的使用不当受伤;很多次排练结束走出教室,天已经黑了。一次次的相处也让我和梦精灵舞蹈队的精灵们产生了默契。排练时,不用过多的言语,一个动作一个眼神,孩子们就能知晓我意;因为排练总是咽炎发作,总有细心的孩子跑过来,掏出一颗润喉糖递给我;每一次比赛结束,孩子们会告诉我"老师我本来好紧张,看到你站在台下微笑着看着,我就不紧张了";而我,作为梦精灵舞蹈队的"家长",每当看到孩子们在舞台上的绽放,再多的辛劳和汗水都化成欣慰与更加坚定的信心。

"育贤"的五年时光,让我积累了不少教学经验、收获了不少比赛奖项,而让我最为自豪的便是拥有这群"梦精灵"们。育贤是她们梦想的摇篮,她们从育贤的舞台出发,在更大的舞台绽放!

(文/吴颢)

在科技教育中与学生共成长

"老师,我们明天放学后还要来调试,机器行走的轨迹好像不是很稳定,有时会偏离轨道,我们要做到百分之一百成功。"

"可是明天老师要出去开会,不在学校啊!"

"没事,你把机器人教室的钥匙给我,我们会收拾好教室,还会把门锁好的。你就放心吧!"

每当这时,我还和他们打趣:"你们如果能把钻研机器人的一半劲放在学习上,学习早就上去了。"这就是我的这群小科学家们,他们中有的学习优异、热爱科技;有的成绩一般,也热爱科技;而有的成绩不佳,但同样热爱科技。所以,在我这,只要是真心喜欢科技、有钻研劲的,我都会想办法召集进来。

每次有比赛前,他们就会到我这来"加班加点",只为能在市区级的赛场上获得佳绩。当然,他们的付出也从不会白费,一次次比赛的经历,一张张优异的奖状,都是学校"小科学家课程"给学生创设的丰富科技

生活。

育贤小学的"小科学家课程",旨在以学生自主选择的、直接体验的、研究探索的学习为课程基本方式,体现对知识的综合运用和实践科学结论,发现新知识的课程形态。综合实践活动强调学生通过实践增强探究和创新意识,学习科学研究的方法,发展综合运用知识的能力。

基于资源,让课程"精"起来

精细化管理、精确化实施、精品化课程是我校在课程建设中的一贯做法,"关注课程构建、凸显课程监控"也正是历届学校教学节的主题内涵所在,这一思想也同样体现在学校科技教育课程中。

学校的科技课程,共分为常规课程和社团课程。两者要根据现有资源,有机整合开展,本着以学生为本的价值观,注重开发学生的潜力,使学生的个性、创意、思维得到和谐发展。

在常规课程教学(有自然课、信息课、劳技课和探究课)中,以尊重学生为根本,多采用启发式教学法,培养他们的兴趣,使科技教学贯穿他们的整个人生。

在开展的科技社团课程主要有:空间思维、3D打印、小小机械师和探秘水世界,每一个课程都是根据学校现有硬件资源和师资资源,经过斟酌而有针对性地设立的,它们每一个都能对应区青少年活动中心的竞赛项目。师生以最饱满的精神状态投入每次的活动和比赛,提高我校在市区级层面的科技影响力。精心组织参加区级以上的各类比赛、展示活动。落实责任人,做到有计划、有目标、有训练、有成绩!在2018年参与的市区级比赛中斩获颇丰,共获得市级奖十余个、区级奖二十余个,精学、深学一定会有成果!

基于赛事,让教师"活"起来

生活中处处都有科学,时时都可以进行科学教育。

比如,在语文课中有一篇课文叫《曹冲称象》,其实里面就包含了科学知识,在其他学科里也能找到类似的例子,所以语文老师、数学老师也能参与科技教育活动。在尽可能不占用老师很多精力的情况下,既让学生有所收获,同时让自己也能得到相应的成绩。

在这次的昆虫摄影评比活动中,我校就有一位语文老师得到了两个市三等奖,她的获得与她的积极参与是分不开的。她先是指导学生如何摄影,如何将昆虫的形态用相机捕捉清楚,再指导学生给自己的摄影作品起一个特别的名字,如拍的是螳螂就起了个"刀锋战士"的名称,蚂蚁就给起了"大力士"之名,说明老师也非常用心。

其实,诸如此类科普性比较强的项目,非科技老师完全可以一起参与,每次我都向全校发通知,还会把任务分配一下,低年级是"大自然笔记"或者"家庭盆栽",高年级是"昆虫微摄影"或者"昆虫自然笔记"。老师可以任选一或两个布置下去让学生完成,挑选好的作品拿出去评选。

除了这些科普类的科技活动以外,还有一些比赛也是我们可以挖掘的。比如,每年有科幻画创意比赛,美术老师可以在创意美术拓展课上进行;比如七巧板比赛,我们可以在数学拓展课上给孩子们玩玩,这些活动需要老师花精力和时间去参与,无论是对老师还是对学生都是很有益处的。

基于活动,让学生"乐"起来

每学期的科技活动内容丰富,区级层面的科技活动有 27 个大项、34 个小项,学校参加其中的三分之一就基本处于满负荷运作状态了。学校开展丰富多彩的活动,积极组织以学生创新能力发展为主要目的的科技活动,关注学生在活动中的体验,从而让学生真正在快乐中生活、快乐中学习、快乐中成长。

空间思维活动,关注参与。

在 2018 年的"坚持创新教育,玩转空间思维"科技节上,全校以普及性的方式开展科技活动,让每个学生都能参与。我们采用不同年级不同项目、同一年级同一项目方式,从班级赛到年级赛,选出年级最优选手参加区级赛。在科技月活动中,学生参与热情高涨,尤其是一、二年级的学生都很投入,下课后、休息时都能看到他们拿出空间思维教具在那里玩,不管是否有目的性,学生在活动中获得了快乐,玩得好的还能锦上添花。

机器人活动，重点推进。

　　学校的机器人活动是特别受孩子喜爱的项目，从类型上分为智能机器人和机械机器人活动。智能机器人还分不同品牌，不同品牌的机器人程序编写会不同，机械也会根据不同比赛、不同任务而搭建不同结构的机器人。因为机器人活动对于学生的要求比较高，从三年级开始由老师亲自挑选，选上的学生当然是很开心的。还有很多学生也很想参加机器人社团，受限于器材、环境的因素无法满足，今后我们会在参与的广度和宽度上再提升。每年我们参与的机器人项目有：机器人知识与实践活动、未来工程师、海博馆杯、创客新星和人工智能，学生在活动中增长了见识，认识了新朋友，而且也提高了独立完成任务的能力。

　　课程"精"、教师"活"、学生"乐"让我校的科技工作做得有声有色、后劲绵绵不断，科技教育这个平台让教师有收获，让学生更快乐！

（文/张杰）

我和我的排球小将们

场上的姑娘们，一只只小手交叠在一起给自己打气；场下的姑娘们呐喊助威，比分一会儿落后、一会儿领先、一会儿持平……这样惊心动魄的场景持续两年，每年三场比赛，每场比赛要拼几个周末。我和我的排球小将们一路艰辛，一路收获！故事是这样开始的……

一次偶然的机会，我有幸参加了上海市排球联盟的培训。清晰地记得，当初跟校长申请加入上海市排球联盟学校时，我说：我不擅长排球，但我试一试。于是，我与"育贤"排球的缘分就这样开始了。

"严中有爱"对待每一个孩子

我对"育贤"排球小将的"爱"很少流露于言表。我想教给队员们吃得起苦、受得了挫折，面对失败有勇气下次再拼的道理。我希望每一次比赛，队员们都能有所成长，明白付出才有收获，拼搏才能成功！我更希

望队员们能学习和发扬中国女排精神！我有时觉得自己对队员们过于严厉，但随着队员们的不断进步，我深刻地体会到，对队员们的"严"才是真的"爱"。

2018年的第一次比赛，姑娘们站在比赛场上时的手足无措让我印象深刻，当时，我坚定地对姑娘们说：我们是来学习的，是来积累经验的，不要怕，要么不来，来了就要敢拼敢打，要相信自己，不要怕失误；每当面对比较专业的对手时，我告诉姑娘们：只要发挥出自己最好的水平就是成功；姑娘们要在周末比赛时调整多个兴趣班的时间，集训会因为晚回家导致很晚才能完成作业，我一直跟姑娘们强调要做到两不误，学会合理安排自己的时间，不能因为训练和比赛而耽误学习！

刚组队时，队里有个姑娘，一开始因手臂怕疼想退出训练队，我没有放弃她，通过耐心的思想工作，这位姑娘经过两次挣扎后，最终坚持了下来。第一场比赛也因为打疼了而哭着完成比赛，令人欣慰的是，后面的每一场比赛作为主力的她都自信满满。还有一位姑娘，在一年级的时候就被我看中，天天追着问什么时候可以参加排球训练，自己买了球在家里练，后来她的发球可以连得几分。排球给予她们宝贵财富，一定是她们的成长道路上的催化剂！

为了提升排球小将们的整体水平，我经常翻阅书籍、网上查找资料。请教专业老师，抓住每一次市区培训的机会，学习更加科学有效的训练方法，为的是跟队员们一起进步、一起成长！

"激情忘我"对待训练和比赛

赛前集训的两个月，每一次训练课分秒必争，让我经常处于超负荷的工作状态。上幼儿园的女儿，在旁边耳濡目染也学会了垫球动作，训练的氛围会让她沉浸其中给姐姐们喊加油。一天连上几节体育课后的训练对意志力是极大的考验，每当抽不开身、筋疲力尽的时候真的多次想过放弃。但一想到队员们对排球的兴趣和感情，看到队员们训练时被汗水浸透的汗巾和衣服，看到队员们因垫球次数突破自己最好成绩时的满心欢喜……我就难以割舍这份情感！

每一次比赛，我都会跟队员们一起全力以赴，感觉自己在赛场上更像个爷们儿。

　　有一次出门比赛前，天还没亮，我的腰间盘突出的毛病犯了，但我仍不得不坚持带队去参加比赛。在去赛场的路上，家长执意要帮我按摩缓解疼痛，这让我很感动。比赛时，全身心投入的我完全忘记了每走一步时的疼痛，几个周末的比赛就这样伴随着腰痛结束了。因为家离学校比较远，每次都是我的爱人送我到集中出发的地点，路上需要开着视频观察孩子有没有醒来。

　　每一次比赛结束后，感觉自己像滩"烂泥"，酸软无力，当得知队员们赢得比赛、取得名次时，我又满血复活。队员们有失败后在场下落泪的时候，也有成功后牵手在赛场上欢呼拥抱的时候，我会给队员们拍下最珍贵的瞬间，给她们留下最难忘的回忆！

　　三个排球梯队的微信群里，在疫情期间，特别是排球三队一年级小队员们的居家练球视频，我都会认真反复看过再进行纠正，所以三队小队员的垫球技术进步显著！寒暑假，队员们也会经常练球。平时的训练和比赛，我们没有条件创造条件，尽最大的努力去克服困难，所以，我们不断超越、不断突破！

　　"育贤"排球小将已经形成了正气、团结、向上的队风，曾多次获得"上海市校园排球联盟联赛 U9 女子组一等奖"、上海市"千校万班"三大球小达人技能竞赛市级总决赛（排球）女子 U9 和 U11 组一等奖；我也多次被评为"上海市校园排球联盟联赛（中小学组）优秀指导教师"。有的队员获得了八九张市级排球比赛的奖状。一张张奖状凝聚了她们付出的收获，一张张照片留下了她们战斗的足迹，一张张照片记录了她们成长的身影！即将毕业的大队员们用照片、视频和文字制作了 ppt，讲述着她们与排球的故事，当我看到她们内心最真实的情感时，我的眼角湿润了，那一刻，我的心里很甜、很暖、很幸福！

　　一路走来，两年的"路程"中，艰辛的同时更有收获！我要感谢学校和领导对于排球项目的支持，感谢老师们的理解，感谢家长们对于排球训练的配合，感谢队员们对排球的喜爱！正因为有你们，才有了我学习和提高的机会！故事还在继续，我将和队员们继续努力，遇见更好的自己！

（文/张晓鑫）

衍纸生花，美丽绽放

每每到学期末，我都有一个习惯，将一张张照片分类、整理，放进对应的文件夹，并选择特别喜欢的一些进行打印。在这些文件夹中，有一个是属于衍纸的，我给它取名为"衍纸生花"。

满载心愿的热气球

"今天是本学期的最后一节衍纸课，大家可以按小组在这张底稿上自由发挥！"记得那是开设衍纸课的第一个学期，在给孩子们设计期末作品底稿时，我想到了我们学校的办学理念"为了实现每个孩子的美好心愿"，于是我在一张张底稿上画上了热气球的轮廓，其中的内容由孩子们自己填充。

其中我最喜欢的是这一幅作品，在这个热气球上，我将孩子们练习各种基础卷的制作时收集的成果，根据颜色、造型进行挑选，再组合拼

贴,这个热气球承载的是我和衍纸班的第一批学员们的心愿。作为衍纸课程的开发者,我希望衍纸能受到孩子们的喜爱,能得到家长们的支持,能在学校的课程中长久地走下去……作为衍纸班的大师兄大师姐,孩子们希望以后能够继续学习衍纸,希望能够在课后与自己的好朋友和家人一同分享衍纸的美……

就在衍纸课程成功开展的第一年暑假,为了进一步丰富学校课程设置,学校邀请了上海教育科学研究院普通教育研究所的杨四耕教授指导我们开展课程纲要的编写。借着这一契机,我的衍纸课有了正式的课程名称《衍纸变变变》,有了自己的校本课程教材,同时也成为了学校小艺术家课程群中的一员,承载着我们心愿的热气球冉冉升起了。

"调皮鬼"也是"小天使"

小卫同学是年级里出了名的"调皮鬼",上课坐不住,喜欢骚扰同学等一系列学生身上会出现的问题,几乎都在他身上出现过。

《衍纸变变变》开课的第二年,由于人数问题,小卫同学调剂来到了我这里,得知这个消息时我着实觉得头疼,我担心他是不是会打扰到其他同学的制作,他会不会把纸条扔得到处都是,他会不会欺负班里的其他同学,他能不能完成作品的制作……带着忐忑的心情,开始了新一学期的衍纸课。

第一节课中,我就发现小卫同学特别认真,一改平日的调皮捣蛋,目不转睛地盯着大屏幕,学习认识衍纸工具,学习纸卷的制作,正是源于他的认真,在之后的动手操作中,他很快掌握了衍纸棒的使用和各种简单纸卷的制作。让我感到惊喜的是,这个平日里的"调皮鬼"竟然有着极强的动手能力,制作的纸卷甚至比高年级的孩子更细致、更精美,于是我在全班面前大力地表扬了他,他害羞地挠了挠头,很轻地说了一句:"我喜欢衍纸。"

当我有了这一发现之后,我及时联系了小卫的妈妈,把他在课上的优秀表现向妈妈反馈,小卫的妈妈当时就感动地说:"终于有一种活动可以让他静下心来坐着了。希望他能在学习衍纸之后,行为规范有所改善。"小卫妈妈的希望,也是我们老师所希望的。

后来的日子里，小卫总是无比期待每周五的衍纸课，渐渐地在衍纸课上，他不仅能快速地完成自己的作品，还会在其他同学制作有困难时主动给予帮助，一时间，他竟成了衍纸班的小明星，同学们自由组合的时候都愿意和他一组，同班同学小李也悄悄告诉我，他特别喜欢衍纸课上的小卫。

每次衍纸课结束，我都会留下孩子们和自己作品或者小组同学作品的合影，小卫也从一开始的躲避镜头，到后来大大方面对镜头开心地笑，从一开始的独照居多，到后来被越来越多的同学们拉着一起合照。我们的"调皮鬼"终于慢慢展现出了内心的"小天使"。我想，是衍纸世界打开了他的心扉，让他拾起了信心，找到了自己感兴趣的事情。

悉心耕耘，美丽绽放

一年又一年，转眼，《衍纸变变变》课程走过了四个年头，最初只是每学期末在学校进行展示，渐渐地，学校推荐我们参加了"城市少年宫"的展示，申报了区共享课程，成为了区暑期未成年人特色项目，受邀参加了四团镇贤文化展示活动，获得了区中小幼校本特色课程评比三等奖……

"各位老师，科目设计内容到目前为止，已经几易其稿，即将进入尾声……"

"各位老师，《科目设计与实践》一书的初稿今天已完成，要进行进一步修改……"

"各位老师，你们参与编写的《科目设计与实践》一书已经出版了，请大家于5月18日13：30到学院教研室领取。"历经多次修改与校对，终于，我们的校本课程《衍纸变变变》入选《校本特色 区域推进——校本特色课程科目设计与实践》一书，顺利出版了。

最初种下的心愿在一年一年的悉心耕耘中不断成长，收获了孩子和家长们的喜爱，收获了学校和区域的认可，衍纸之花，一朵朵盛开在路上。

衍纸生花，让美丽和智慧在指尖绽放。

（文/乔晨元）

走出校门，孩子们的职业初体验

2019年1月20日，一(1)中队的孩子们在爸爸妈妈的带领下来到了耕贤酒楼。这群孩子是耕贤酒楼的首批"职业体验员"，他们将在这里开启一上午的职业体验。

作为学校的校外劳动教育基地，结合校园节日"启职节"的职业启蒙教育与心愿教育"小当家"课程的内容，耕贤酒楼为孩子们设计了两个职业体验项目——"小小服务员"与"小小点心师"。在酒店经理的带领下，孩子们参观了酒店的各个区域，了解不同区域的功能与作用，认识了一些工作人员，知晓了不同岗位需要胜任的工作，对酒店内的各个岗位有了一定的了解。参观完毕后，孩子们回到大厅，换上酒店为他们准备的职业体验服，一个个戴上厨师帽，系上小围裙，围在桌边仔细观察着，充满着好奇与期待。

体验职业，乐趣无穷

"我们取一块面团，先拿擀面杖把皮擀薄，可以中间厚一点，四周薄一些……"耕贤酒楼的大厨为小朋友们演示了饺子、馄饨的做法。小朋友们目不转睛地看着每个步骤的操作，听了大厨的讲解与示范后跃跃欲试，和面、擀皮、包馅、烹煮，一切有条不紊地进行着。孩子们一个个撩起袖子忙得不亦乐乎，小小点心师都当得有模有样，俨然成为了中华小当家。

体验了饺子和馄饨的制作以后，小朋友们似乎还意犹未尽，大厨又带领大家了解汤圆的做法。有了之前的经验，小朋友们的速度明显快多了，做出来的汤圆也"卖相"可嘉。家长们看到自己的孩子认真、投入的模样，欣慰的笑容挂在脸上。不一会儿，香喷喷的食物出炉了，孩子们美美地品尝着、交流着，高兴极了，个个脸上洋溢着成功的喜悦。

体验完了"小小点心师"的职业之后，便开始体验成为一名酒店服务员。

在正式服务开始前，酒店经理先给孩子们上了一堂生动有趣的服务员培训课。教给孩子们熟悉环境、微笑服务、迎宾接待、服务员的基本礼仪、点单要点、倒水、上菜……他们聚精会神地听着讲解，认真地学习和模仿。

不一会儿，孩子们基本学会了服务员的工作，紧接着开始模拟岗位了，个个有模有样地开始工作。"小小迎宾员"笑容可掬、仪态大方，随时准备着迎宾；"小小传菜员"更是把上餐礼仪的服务素养发挥得淋漓尽致，受到顾客的称赞表扬；瞧，小小员工们正在中规中矩地摆放餐具，有板有眼地为"客人"点餐、送餐；个头最小的一位孩子小心翼翼地端着柠檬水，力气大的孩子两手端着托盘，缓缓走来……

感悟职业，分享点滴

一个上午的职业体验活动，不仅让小朋友们体验到在服务行业工作的感觉，还让他们懂得了珍惜幸福生活、尊重劳动者。

"原来爸爸妈妈上班回家还要做家务这么辛苦啊,以后我要多为爸爸妈妈分担。"小郑在体验感悟中这样写。还有小朋友表示:"工作真不容易啊,看起来挺好玩,其实好辛苦!"

带孩子参与体验日活动的家长称:"这些体验活动是要学生真正动手参与而非简单参观,项目设计体现出学校的用心。孩子虽然不可能凭借一两次体验活动学到全部知识,但能在潜移默化中提升孩子对于职业的认知,有助于孩子将来形成更理性的职业规划,这种教育是课堂中不能完成的。"

一次体验,一次成长

一次短暂的职业体验日活动,在孩子们的心中埋下了种子,改变,在悄悄发生……

每当走进教室,原本总掉有纸屑的地面现在变得干净整洁;每当召集值日志愿者时,几乎班级中的每位孩子都高高地举起小手,愿意挪出自己的时间为班级服务;每当任课老师需要小助手帮忙时,孩子们都争先恐后涌上前,想要出一份力。他们还不拘囿于小小的校园,而是把触角不时地伸向身边的社会,开展社区志愿服务、爱心义卖、慰问关爱敬老院老人等社会实践活动。从饭来张口、衣来伸手,到现在的懂事与体贴,看似简单的职业启蒙教育,却带给了他们一份自信、一份担当、一份独立。

集"育德"与"育能"于一体的"小当家课程",它的实施带给孩子的不仅是对职业的认识,还是对劳动精神的一种体悟。让孩子们拥有的是一双双灵巧的手、一个个聪明的头脑,更是对劳动者的一颗颗温暖的心。

(文/汤怡云)

徜徉英语绘本

Kids' Stories 是育贤小学携手世外自 2019 学年正式推进的一门课程，通过绘本故事教学来提升学生的英语素养。经过多次的探讨，我们确定了与牛津教材主题相匹配的故事主题。在这一年多的时间里，学生们徜徉在有趣的英语绘本故事世界里。

现在就让我们来感受一下 Kids' Stories 的魅力！

我会做帽子

课间，讲台前排起了长长的队伍，学生们正在向老师反馈"Making a hat"的故事内容。

"你说得很不错，但是'I use scissors.'这句话的语调还有点不对哦，这句话的语调是这样的，再去听一听录音里的老师是怎么念的。"

"这次的故事还不够熟练哦，要多听录音进行跟读与模仿，录音里怎

么读,你就跟着读,老师相信你可以做到的。"

"皓皓你'I use a stapler.'这句话中的'a'漏掉了,但是语音语调都很到位,有很大的进步!"

琪琪把故事说完以后,马上反问我:"老师,我刚刚说得怎么样?我回家跟着录音读了。"我回答说:"很棒呀!你这个方法是对的,学英语就是要多听录音、磁带,去模仿跟读。"

悦悦站在讲台旁,好奇地问:"老师老师,为什么你一直要我们多听录音呀?"我问她:"你觉得录音里老师的英语口语好听吗?"悦悦点点头,我继续补充说:"对呀,你多跟着录音里的老师读,以后你的英语口语也会非常标准、非常好听。"

在低年段,Kids' Stories课程的教学目标主要是培养学生的语音语调,同时通过故事学习扩充单词量。语音语调作为学习英语的基础,其培养不是一蹴而就的,而是循序渐进的。一年级的学生刚刚接触英语学习,此时也正是培养学生语音语调的关键时期,这个时期打好基础,学生的语音语调会很标准到位。那怎么通过Kids' Stories课程培养语音语调呢?那就是要求学生去跟读原音,而不是跟读老师的读音,这样学生学习到的才是最标准化的语音语调。

来玩橄榄球吧

这堂课,有点与众不同。老师怎么拿着像球一样的东西?难道我们今天要做游戏吗?孩子们顿时打起了精神。

"What's this? Let's watch."一场精彩的橄榄球比赛呈现在荧幕前,配上紧张的音乐,学生们的目光一下子被吸引住了。原来!老师手里的是美式橄榄球。没错,今天我们学习的就是"Football Game",一起来玩橄榄球运动吧!

"I can throw."听完录音,我说着摆出了一个扔的手势,一下子学生就明白了throw的意思。随后,班级里的学生争先恐后地举起了手,平常有些害羞的小唐同学也把手举得高高的,他说道:"I can throw.",边说,他后倾身子,右手作投射状。我给他竖起了大拇指,称赞说:"说得真不错!动作也很到位。"随后,jump, catch, run, score等单词结合I can

的句式,配合相应的动作,学生们模仿得十分到位。

课的最后,小组表演故事,四个人为一组轮流说一句。一场激烈的橄榄球比赛开始了,"I can throw."小管立马扔了个"球","I can jump."皓皓高高地跳了起来,"I can catch."琪琪抓到了橄榄球,"I can run."悦悦跑起了步,"I can score."小管握拳表明了得分的决心,"Touch down!"皓皓跳起来把球打了进去,"Hooray!"四个人把双手举高,开心地笑了。

Kids' Stories课程的教学特色就是强调动作,每一句话配上丰富的肢体语言,更迎合了小学生活泼、好动的特点。为什么要强调动作呢?因为动作不易遗忘,在学习语言的过程中,动作可以反映语言。所以教学上会设计生动形象、具有针对性的动作来辅助故事的教学,也可以更好地辅助学生进行记忆。

小海龟宝宝

这是第二学期的故事"The baby turtle"。

"This is the story of a baby turtle. That is a picture of a park. What animals can you see?"我问道。

"I can see a bee." "I can see a sheep." "I can see a bird."……学生们根据图片争先恐后地回答。

"同学们可以选择一个小动物,运用'He/She can see...'的句式,说一说他/她看见了什么。"

思考结束后,阳阳立刻举手回答:"The bird can see the sun. She can see the tree. She can see the flower. She can see the grass."我忍不住表扬说:"Good job! 这个新故事非常棒!"

悦悦把手举得高高的,回答说:"The sheep is big. The sheep can see the grass. He can see the kite. He can see the bicycle."……学生们创编的故事真让我惊叹,通过这一年 Kids' Stories 的学习,他们已经可以在一定的语言支架中,结合学过的知识,创编一个新故事。

Kids' Stories课程的教学特色就是提升学生的语言运用能力。在学完一个故事后,我们会给予一定的支架,让学生重新运用重点句型和单词去创编一个故事,活用英语语言,真正达到培养语言运用能力的目标。

这些就是 Kids' Stories 课程的魅力所在，也是我们选用 Kids' Stories 课程的原因所在。我们希望借助 Kids' Stories 教学，去培养学生英语口语的语音语调，去借助动作提高学生的记忆度，去提升学生的语言运用能力。同时，我们也会结合每学期的英语学科周活动进行 Kids' Stories 的表演。我想，他们在这个过程中一定也在心里点亮了对英语学习的小小心愿。我们也会为了孩子们小小的心愿继续深入到 Kids' Stories 教学中，使 Kids' Stories 课程更加完善丰富，为学生的英语学习创造更有深度的体验。

（文/费嘉叶）

管乐队的故事

2016年,为给孩子们搭建音乐梦想的舞台,学校成立了行进管乐队。这是一个由60多名育贤学子组成的蓬勃向上、饱含朝气的团队。在专业老师的指导下,孩子们积极参与,为完成每一次演出而尽心尽力,孩子们怀揣着梦想与希望,用铿锵的鼓点奏响最动人的乐章。

记得2017年9月,我加入"育贤"这个家庭,作为一名器乐专业的音乐教师,顺理成章地接手了这个乐队。

要想管理好一个行进管乐队不是件容易的事情,尤其是对于一个刚刚融入新学校的青年教师。乐队人员的分配安排、乐器训练的磨合协调、师生课程中的指导改进、家校沟通中的及时有效性,无一不是艰难的挑战。

行进管乐队的特殊性在于涉及多种乐器,如:马林巴、小号、美音号、长号、次中音号、打击乐器以及旗舞。因此,协调磨合演奏各乐器的同学成了我考虑的当务之急。为了尽快使乐队走上正轨,我在最初的培训指

导中,最看重的是有效的沟通和有针对的指导。在每周两节课的安排下,我及时到达每间教室仔细琢磨教学内容,在准确观察每个孩子的上课表现和训练难点后,及时与外聘老师做沟通,在沟通中熟悉每一位队员,渐渐地也认识了每一个孩子。

2017年12月,乐队参加了由上海音乐家协会、上海市科技艺术教育中心主办,上海音乐家协会管乐专业委员会承办的2017上海第十一届学生(交响·行进)管乐团队展演。本次展演比赛共有44家学校参赛,分别在23日和24日以交响和行进两种方式比赛。比赛前,因为乐团刚组建一年,在参赛队员的选拔上,遇到了很大的困难。从梯队培养来看,我们只能参加行进组的比赛,面对这一困难,管乐团秉承着坚持、顽强的精神,进行了为期两个月的魔鬼训练,在演奏技巧、乐曲的处理、行进走位的精准和到位上无不反复细抠、强化练习。虽然是第一次参加这么大型的比赛,可乐队中脱颖而出的20几名队员也丝毫不示弱,用鼓点敲击出了"育贤"学子的士气。最终在这次比赛中获得了铜奖,虽然有点小遗憾,但我们通过总结反思,相信会在下一次的比赛中发挥出色。

功夫不负有心人。通过上一次的比赛经验总结,两年之后我们整装待发。俗话说:初生牛犊不怕虎,行进管乐团在区教育局的自荐申请下,向中国管乐学会递交了为比赛准备的视频,且光荣地通过了中国管乐协会的审核,站上了全国优秀管乐团队展演的舞台。

经过激烈角逐,我们管乐团在来自全国各地的140支队伍中脱颖而出,43位优秀的"育贤"学子,最小的才二年级,其中有10个孩子练习新乐器声部还不到半年时间。但全场展演中,孩子们整齐划一的步伐、刚柔并济的演奏、柔韧合拍的肢体表演取得了优异的成绩,荣获"优秀乐团"称号。

共同的信念,促使着每位团员的进步。乐团的铜管声部人手不足、设备不够完善,由于团队的成员能力水平不同,从每个人、每个声部的具体指导再到大乐团的合排,我与外聘老师无微不至、全情投入地指导团队。每每看到学生的进步,我都感到十分欣慰。"无论是音准问题、节奏问题、奏法问题、强弱处理,外聘老师每一个细节都会抠得很细。但也正是由于老师的细致认真,才会有我们的进步。"许俊明同学虽然加入乐团只有半年多的时间,进步却非常大。"一开始,我是个连从哪里进节奏都没抓到的'小白',是吴老师的耐心教导和细致提示,才给了我坚持下去的勇气。"

"台上一分钟,台下十年功",荣誉的获得离不开师生们平时的刻苦训练。炎炎烈日下,即使汗流浃背也要把每一个动作做标准,高温酷暑下,面对高强度训练也从不喊苦叫累。孩子们在艰苦的训练中磨炼了顽强的意志,塑造了坚强的品格,得到了飞速的成长。同时学校、家长们的大力支持也为孩子们的成长保驾护航,给了他们最温暖的力量。比赛充分展现出了行进管乐团师生凝心聚力、追求卓越的团体意识和精神风貌,乐团将继续发扬积极向上的进取精神,锐意进取、砥砺前行!

(文/吴颖颖)

第四章
激活课堂，创有深度的学习

建构"心愿课堂"，聚焦学生日常生活，关注学生人文素养，塑造学生的生命意识，丰富学生成长经历，丰盈教师生命体验。"心愿课堂"精准转型，由传统转变为深度学习的高阶思维课堂，让师生实现知识与生活的有机融合，让学校成为师生心愿共同自由生长的地方。

校长心语

以人文育生命，丰富学生成长的经历

今天的教育好比是一片设置了航标的水域，但是教育的航道如何走，需要每一所学校自己探索与实践。课堂是实现教育目的的过程和道路，是国家强盛的力量，也是实现人生价值的最佳途径。"育贤"正是通过"小心愿课程"的实施来丰富学生成长的经历，实现学生更好的发展。

从文化与课堂的各行其道，到两者建设的逐步融合、内外兼修，我们不断在学校课堂建构的欣喜与挫折中前行，探索着学校文化建设视域下学校课堂实施策略，在文化中孕育着课堂，在课堂中彰显着文化，努力将学校文化魅力和学校课堂活力融汇成学校教育的合力，承载教育境界的自觉升华。

扎根学校文化，以"心愿课堂"为滋养

从"心愿文化"建设出发，学校不断为教师的专业发展、学生的幸福成长创造健康、优质的物质环境和人文环境，让"心愿文化"的元素布满校园每一个角落。

在"心愿文化"引领下，我们建构基于课程标准的"心愿课堂"，开展以学生为主体、互动为中心的教学活动。为让课堂教学更有效，我们在基础型课程的有效实施中夯实基础、优化评价，使课堂教学"人文化"、教学行为"绿色化"、教学质量"有效化"，滋养"心愿课堂"，滋润学生成长。

融通建设路径，在创新发展中优化

我们推进"心愿课堂"创新实施，形成"基础—拓展—探究"相互渗

透,"学校—社会—家庭"有机结合的"心愿课堂"建设路径。

拓展基础学科。我们依据不同年级、不同学期的特点,挖掘学科与个人特色进行教学资源重整、学科融合,营造教师个人特色"1+X"课堂。如,我们将Kids' Stories课程渗透于英语学科的教学过程中,也通过英语口语课、HAPPY ABC社团活动以及"英语学科周"等途径进行落实与推广。

关注学科融合。在"心愿课堂"实施过程中,我们尝试将"六小"课程对接融合,寻找其关联度,有效开展各类特色项目的触点变革行动,使课程与课堂之间更具有交互性,并形成蛛网结构,让学生从原点由路径实现学习目标。

丰富社团活动。我们挖掘校内外资源,教师发挥个人特长,实行多门类的社团走班制课堂。从学生兴趣爱好出发,建立一种学生自主选择的形态,课堂上主张给学生最大的学习选择权和活动自主权,满足他们自主学习的要求。打破年段、打破班级,以活动组为单位进行活动。以"小文人课程"为例,我们开设了《悦读越精彩》《心愿文学社》《吟诗唱词》《绘本花苑》等课程,也借助"一阅读"平台开展线上线下的阅读及评价,引导学生广泛接触各类文学作品、文化意识形态,培养学生的阅读习惯,增强学生的交流能力,提高学生的文学素养。

搭建成长舞台。建构"校园八大节",包括礼仪节、自立节、感恩节、科技节、艺术节、读书节等,形成每月一节的活动育人格局,增加学生社会交往与生活技能,采取采访、调查、探究等方式开阔学生视野,锻炼学生能力,陶冶学生情操,让学生成为课堂的主人。

改变学习方式。作为上海"学习基础素养"课程研究所的项目校,我们开展了项目化学习(PBL)的教学实践,学校的自然、语文、数学、美术、音乐等多学科共同参与课程实施,完成任务的过程就是学生学习的过程,提高学生解决真实性问题的能力,在项目的各个阶段给孩子赋能,改变学生的学习方式,最大限度地挖掘学生的才智与潜能,让学生自我驱动、自我激励、自我升华,以此来应对真实学习与生活中所遇到的问题和挑战。

培养内生力量,为课堂提供源动力

心愿课堂,是教学改革的前沿阵地,是教学相长的锤炼熔炉,是师生展示风采的才艺舞台。

聚焦文化的精细管理、课堂的精准转型、课程的精美成长、师生的精彩收获,我们回归教育教学的"原点",以学生发展为本,激趣引路,固本强基,创新驱动,在碰撞中交流思想,在互动中点燃智慧,让课堂贴近学生的日常生活,让学生成为课堂的主角。

在课堂评价方式上,我们也由单一的评价方式转向"表现性评价""游园式评价""差异性评价"等多元的评价方式,调整组织管理机构,创设刚柔并济的运行机制。

培养内生力量,创新驱动发展,涵养学生素养,为课堂提供源动力,让学生感受到学习之智,在体验中积累智慧、活动中提升素养、方法中构建能力、创作中滋养生命,使"心愿课堂"成为学校教育综合改革的闪亮标识。

(文/顾雪华)

育贤
叙事

漫漫教学路　悠悠语文情

2016年秋季开始,统编教材陆续在各年级全面铺开使用。语文是母语,是所有学科的基础,教材又是国家意志的体现,如何用好统编教材?如何上好语文课?

带着一连串的问题,我踏上了统编教材下的语文教学探索之路。

一个人

2019年9月,我新接了一个毕业班,原先使用沪教版的学生,要改用统编教材。因为编排体系的变化,统编教材里的有些课文是以前学过的,也有一些是没学过的,老师该如何应对?如果说课文是显性的,学没

学过一看就知道,那些隐性的知识点又该怎么办?面对新学生、新教材,我的内心充满了忐忑。

幸运的是,学校为我们搭建了许多学习的平台,创设了许多研修的机会,除了市、区级的一些培训和联盟体内的一些教学研讨活动等,还有世外集团的托管。

世外集团的顾纾老师隔周就会来学校听一次课,听课后的研讨,更是思维火花碰撞的时刻。我总是爱听顾老师对文本细致而独特的解读,以及在教学设计上的一些建议。尤其是《金色的草地》一课,她从不同角度挖掘文本的教学价值,站在单元教学的视角指导我们如何引导学生体会作者细致、连续的观察,从而帮助学生学会观察生活。

作为奉贤区"蒋莉莉名师工作室"的一员,又身为一名教研组长,我有更多的机会和责任外出学习。我不放过每一次的学习机会,只要能调得出课,我总是积极参加工作室的活动,在一次次讲座中,在一次次磨课中,我对统编教材的认识越来越深。

一次次的培训与学习更新了我的教育理念,引领自己深入到统编教材的实践研究中去。

几个人

"同志们,明天上课的PPT我做好了。"

"好的,辛苦你了。"

"这篇课文的语言风格比较含蓄,教学的时候以读代讲、以读促悟比较好。"

这样的对话,在五年级语文备课组里是经常发生的,尤其是刚开学的时候,我们手边只有一本教材,只能备一课,上一课,边上边等"教参"来。

我充分发挥备课组长的带头和统筹作用,将自己通过各种途径学习到的理论和知识化为教学实践,每天和备课组的两位老师一起探讨单元的语文要素、课文的教学目标以及对学生来说可能遇到的问题。

疫情期间,我们更是充分发挥备课组的优势,做好"双打"教学。为了让互动更有质效,我们除了提前备好课,还要观看空中课堂老师的教学,以便把握教学内容和课后练习。由于空中课堂只在前一天晚上7点后才播出,因此我们都是熬夜赶制PPT,将课后练习融合进去。

备课组是学校里最小的一个单位,每个人的力量有限,然而聚在一起的时候,它是教学教研路上指引我们前进的微光。

一群人

统编教学的路上,有着许多可爱的身影,因着对语文教学的热爱,我们聚在了一起,这就是"育贤"的语文组。

自统编教材铺开以来,"育贤"语文教研组就积极投身到统编教材的教学研究中去,利用教研组和工作室活动,开展了形式丰富的教研活动,如:讲座、同课异构、文本解读比赛、单元教材教法分析等,每一次教研活动,都是"育贤"语文人在统编教材中不断实践的一个个脚印。

2018年5月,戴嘉俊老师在区级教研活动中,执教了统编教材一年级下册古诗课《小池》,收获好评无数。

2018年11月,"每一片绿叶都闪耀着光芒"——小雪人阅读活动在育贤小学举行。朱晓云和钱晓萌老师分别执教《称赞》和《雪孩子》,在统编教材课外阅读课程化的研究方向上,迈出了新的一步。

2019年9月,"育贤"语文组以《统编教材"交流平台"的教学策略实践研究》为题,开始了新的研究……

三年来,青年教师都快速地成长,他们意气风发,勇于拼搏,那一堂堂精彩的课和一张张荣誉证书,成就了一树芳华。

有一种甜,叫我们在一起。在统编教材的研修路上,心怀微光,素履前行,收获一路风景!

(文/尹彩丽)

心在课堂,梦在课堂

博尔赫斯说,图书馆应该是最接近天堂模样的地方。我想说的是,课堂也应该是最接近天堂模样的地方。尤其是道德与法治课堂,它是师生坦诚交流的地方,是精神智慧生长的地方,是发现自己、察觉内心、寻求理想、走向无限可能的地方……

道德与法治课堂是"真生活"的课堂,化枯燥的知识为活泼的体验。

著名教育家陶行知先生曾说:"我们从小孩子说起,他起初必定是烫了手才知道火是热的,冰了手才知道雪是凉的,吃了糖才知道糖是甜的,碰过石头才知道石头是硬的……"由此可见,体验在人的成长中的重要性。

我校道德与法治组的老师们在设计课堂体验活动时,既对接了教学目标,又基于了学生的学情,将体验活动与学生自身的生活经验相连接。如二年级备课组在备二年级上册《我是一张纸》一课时,备课组的老师们为了引导学生体会造纸对环境保护的影响,设计了一个调查体验。小组

合作统计每人每天的用纸量,计算出全班、全校一天的用纸量。并进一步计算,如果每棵树可以制造 15 000 张纸,全校每年用纸量需要砍伐多少棵树?10 所学校呢?100 所学校呢?这些数字对于二年级的学生来说,有些庞大。因此,操作时,我们的老师将小组合作计算改成教师和学生用计算器一起算的形式。当学生集体读出一个个惊人的数字时,他们内心的震撼油然而生,节约纸张、保护环境的意识便在心中生根发芽了。

再如一年级备课组在研讨一年级下册《班级生活有规则》一课时,老师设计了"小组合作,制定规则"的活动,尊重学生的实际,让学生自由组合成新的学习小组,从就餐规则、路队规则、卫生规则、课件规则等方面任选一个进行探究。可是在试教过程中发现,学生光重新找小组、找座位就得花上 5 分钟。我们的小组活动到底该放手让学生自由组合还是直接指定好小组呢?观课的老师发现:如果能巧妙地运用这一真实情境中出现的"混乱",引导学生回顾检视——"刚才,我们分组过程中发生了什么?你发现了什么问题?我们该怎么办?"这一系列深入思考,再通过集体交流,就能使学生认识到自由分组时要遵守安静有序、人数相同的规则。教师进一步总结强化:"同学们,瞧,做事就要先定规则,按照规则去做,马上提高做事效率!回忆一下,在刚才的分组过程中,我们制定了哪些规则?"在真实生活情境下的体验式活动中,学生表达自己的感触,从内容认识中形成自己的思想觉悟,促进学生的思维发展、育德于无痕。

道德与法治课堂是"深体验"的课堂,促进思维品质主动发展。

一年级的孩子喜欢绘本故事,我们就利用教材中的插图创编绘本故事,用故事加插图或者视频的形式展开课堂教学。

在执教一年级上册《吃饭有讲究》一课时,我们拓展了绘本故事《奇奇肚子疼》,学生的注意力一下子被吸引住了,闪动的小眼睛紧紧盯着屏幕,散发着好奇求知的光芒。他们开始开动小脑筋寻找引起奇奇肚子疼的原因,一下子就发现饭前洗手的重要性。接着,通过"说一说、摆一摆",这种既动手又动口的合作方式完成了"洗手步骤图",让学生复习了洗手步骤。然后,配上音乐的"洗手六步法"儿歌,好记好学。随后,还采用"看看、学学、念念、练练"的形式,让学生从看懂到模仿,反复练习,直至掌握,道法相融,真正促进思维发展。最后,让学生通过看一看、辨一辨、说一说等方式学习了基本的餐前、餐中、餐后礼仪,乐于做一些力所能及的事情,养成良好的卫生、饮食习惯。最后,教师引导学生回到《奇奇肚子疼》这个绘本故事,进行故事续编,激活学生的主动思维,在续编故事中反思行为、改正行为。

再如教学《课间十分钟》时,我们老师先引导学生观看教材中的插图,然后任选一幅插图,为学生编制一个故事,讲给学生听:"有一群小朋友在跳绳,有的跳,有的摇绳。不一会儿,需要轮换角色了。可是,刚刚跳绳的小朋友只想跳绳,不愿意摇绳。其他小朋友都不乐意了,不想跟他玩了,最后他只能自己玩。可单独跳绳实在没有意思,他又想加入集体跳绳活动。他该怎么做呢?你能给他点小建议吗?"学生们纷纷提出了自己的办法。有学生说:"课间十分钟是很宝贵的,只有大家遵守规则,才能享受课间活动的快乐。如果有人不合作,或者捣乱,大家一定不乐意与他玩耍。"也有学生说:"同学之间要谦让,如果他还想玩,我可以把我的机会让给他玩。"还有学生说:"如果他能改正蛮横霸道的做法,大家也会认可他,欢迎他继续回来和大家一起跳绳。"

老师们利用插图让学生融入到绘本故事中,把自己当作故事中的一个角色,在情境中创编趣味性的故事,与学生思想现实接轨,提高学生学习兴趣,调动孩子主动思维,帮助学生顺利建立学习认知。

道德与法治课堂是我们老师脚踏实地的课堂,让学生体验真正成长的力量。

类似的场景,每天都在上演。凡此种种,其实难以尽言,短短35分钟的道德与法治课堂,可以产生无尽的威力。只要我们将爱与关怀、真诚与智慧带进课堂,课堂的意蕴便会无限,孩子们的思想也会无限。一个小小课堂生成的小插曲,切中了我们共同关心的话题,我们会觉得它与我们有着极大的相关性。

让心走进课堂,用心感受课堂;课堂上的表达应忠于自己的内心;课堂上的活动是我们生活的缩影:这些在道德与法治课堂上是非常重要的。

唯有"脚踏实地"的课堂中,才会有真实而内在的成长。

道德与法治,是我们灵魂深处的风景。上道德与法治课,是我们思想的旅行与探险,是我们灵魂的构建与交融。

(文/翁薇)

一方有温度的空中课堂

2020年初,每天都在上涨的疫情数据,让我们的春季开学不得不按下暂停键。在这一场战役中,先有白衣天使请命出征,逆流而上,孜孜战疫;后有教师华丽转身变主播,用"互联网+"搭建起空中课堂,开启了一种全新的教育教学活动方式。作为教育人的我们,虽不是最美的逆行者,但也愿化作春雨,滋润桃李共成长。

搭建平台,义不容辞

俗话说"不打无准备之仗",2月下旬,老师们就开始为远程教学做准备。在学校的组织下,先下载了"钉钉",初识直播平台,一步步摸索着如何操作。

为了让我们尽快熟悉软件,学校不仅下发了详细的直播操作技能指南,还联系到了技术人员,进行了两次在线培训,让我们熟悉并掌握直播

的各个环节以及注意事项。培训后,我们学以致用各项功能:签到、发通知、视频会议……不到一周的时间,已经比较熟练地掌握了"钉钉"的使用方法,并能省时高效地开展工作。

"纸上得来终觉浅,绝知此事要躬行",在对"钉钉"由陌生到逐步熟悉的过程中,也有了很多新的思考,产生了一些疑问。为了让首播更加顺利,我们二年级组的班主任们成立了"攻坚小分队",围绕系统使用、课堂模拟及试错进行了多次讨论和实践。测试过程中,我和同事们都成为了彼此的老师和学生,互相借力,共同成长,真正实现了"三人行必有我师"。总之,经过多天的测试和模拟练兵,我们已经做好了线上授课的准备。

工欲善其事,必先利其器

对我们来说,"双师课堂"的线上模式一点也不比平常的教学任务轻松。备课、课中指导、课后辅导,每一个环节都不可或缺,其中备课就是很重要的一个环节。我们只有提前备好课,做到心中有数,才能让第二天的课堂更高效。

开播前一周,我们备课组积极讨论,开展多次微型教研。研读教材、教参,把握每课的教学内容、教学目标以及教学重难点,撰写互动课教案,做课件,预设空中课堂的直播内容,确保在授课过程中精简内容、重点突出,做到有的放矢。做好了充分的准备,对第二天的线上课堂教学应该就更有共鸣、更有深度的思考。

就在这一次次的教研活动与讨论中,我对课堂教学各个环节的把握有了更清晰的认识,更加明白了环节与环节之间的过渡该如何处理得流畅自然。这不仅仅是组内成员个人的成长,还是一整个备课组凝聚力的提升,我们的研讨虽然面对着的是冷冰冰的屏幕,可我们的心依然紧紧连在一起。

良好开端,成功起点

3月2日,人生中第一堂直播课如约而至,倍感压力。因为这是新学期的第一课,又是如此特殊的一课,我必须要以最好的精神面貌出现在学生面前。

这份压力来自电脑屏幕后的隐形"学生",我的教学能力直接代表着育贤小学老师的形象;我担心网络会卡顿,即使试播都很顺利,还是害怕关键时候出差错;还担心网络另一端的孩子们听讲是否认真,会不会积极参与互动……于是,在忐忑中,开启了我的首播。

好在一节课下来没有出现什么问题,由于前期的充分准备以及线上教学的新鲜感,使得孩子们参与度高、积极性强,气氛热烈融洽,超出了我的预期,给了我强大的动力。一节课结束了,我还意犹未尽,期待着与孩子们再次见面。

云端互动,臻于成长

在这首播之后,我也发现了一些需要改进的地方,相比于线下教学,在线上需要更加注意掌握教学节奏,了解学生实时反馈,争取让学生做到课堂内容课堂理解。还要做到随机应变,更新教学内容,使得后20分钟的直播互动更契合前20分钟的空中课堂。而在直播课中,如何提升孩子的学习效率、激发学习兴趣也成了我需要思考的难题。

首先,做"加法"。在备课过程中,我们利用网络资源,找到了合适的视频资源、绘本资源,将其呈现给学生,拓展了学生的文化视野,让教学事半功倍。同时,也让我反思,平日教学中确实太多关注课内,而缺少对一些优质资源的发掘与推送。

其次,做"减法"。20分钟的直播,要让重难点突出,我先减去了复杂的课件页面设置与操作,对每一页课件都反复推敲,使之做到精简直观,提升了课件制作的信息化能力。同时,我也减去了多余的语言,让自己的语速适中、抑扬顿挫,让学生们听懂学会。在一次次的试讲中,我觉得自己不仅在授课技能方面有进步,也在面对镜头的紧迫感中,纠正了自己的站姿、手势、笑容等,改善了自己的行为举止。

学与备,思与改。授课结束后,我回看了自己的课程,与学生进行了交流,并听取组内老师们的建议与意见。有反思才有进步,我还要不断学习新理论、新知识,才能有充足的知识储备,才有底气去迎接新的挑战。

　　回顾千帆过，三个月的线上教学从有模有样到有滋有味，一节节直播课也变成了一个个有温度的课堂。课堂带来的温暖是我们的一种感受，它萦绕心头，它说不清、道不明，但是我却清楚它的源头，它来自学生认真的作业本、工整美观的字迹；来自老师们事事认真严谨、时时拼搏奋斗的精神态度；来自每一个"育贤人"的支持付出和整个团队的和谐团结。点点滴滴的幸福汇聚在一起，内化于我的工作中，彰显出我的成长。

（文/汤怡云）

反复打磨，深耕课堂

来到"育贤"已是第四年了，还记得2016年初到"育贤"时的场景：那时的我很青涩，只是一名刚毕业的大学生，对于很多教学上的疑难杂症都需要请教其他老师。在四年的光阴中，让我最庆幸的是和"育贤"的相遇，正是因为我们的遇见，才让我坚定地、勇敢地选择走下去，争取成为一名优秀的老师！

记得从教第二年，我有幸执教了一节《道德与法治》区级教研课。整个准备的过程至今还很令人难忘，从刚开始的迷茫，慢慢地变得懵懵懂懂，到最后尽情享受那份收获的喜悦，一步步让我感受到了"磨课"的意义。

9月19日，"磨课"开始，魏老师像一场及时雨，给我们解读了单元内容、本课教学基本思路，分析了四大栏目内容、分课时教学目标、二年级学情以及探讨了如何在教学中渗透法治内涵。魏老师生动精彩的解析，为迷茫的我们指明了方向。

9月26日，魏老师再次来到我们学校，细化研讨内容。在她的鼎力相助下，这一课的教案，从开始的稚嫩，慢慢趋于成熟。

首先，魏老师根据学段目标，帮我们确定了这节课的教学目标，将一些零碎的小目标大胆舍去并且细化了教学重难点。紧接着，魏老师指导我们对教学环节进行梳理，通过"头脑风暴"激烈地研讨，根据每个栏目设计了相对应的课堂活动。尤其在调查思考活动环节，巧妙设计调查表也花费了许多精力。这一系列的设计使整个教学流程在我们头脑中逐渐清晰起来。包括如何过渡衔接各个环节，魏老师也进行了非常细致的指导。在研讨中，我们和魏老师合作学习，与魏老师的知识经验、思想方法进行交流和碰撞，极大地激发了我们的灵感，剧烈地触动了我们的心灵，使我们在教学中的思想认识有了巨大提高。

整整一天的相伴，让我收获了很多。我明白了如何确定一节课的教学目标、精准把握教学内容，明白了教学流程的每个环节都应有它的设计意图，必须紧紧围绕教学目标。

10月10日、18日、22日，三次试教过后，魏老师以及其他老师及时修改发现的问题，进一步完善教学语言。同时，魏老师在课件选材方面也进行了指导，对照片的拍摄角度、公物的选择、音频视频的选材和录制也做了修改。我想每一次的指导都是我从教之路上宝贵的财富。

10月19日下午，进行了模拟说课，魏老师再一次对我的教师评价语做了有效的预设，对上课的仪态进行了指导。每一句话、每一个字经过反复推敲、演示，最终被确定下来。更难的是整个团队的老师，你一言我一句，每个人的思维都在碰撞。遇到不理解的地方，老师们就自己来做学生，演得惟妙惟肖。在这整个模拟的过程中，我想我是幸福的。原本的我一直在想会不会哪个环节出错，哪句话说漏了……所以我很紧张，说课的时候手脚冰凉，但看到我们"磨课"团队的每一位老师都想尽一切来帮助我，这满满的热情感染了我。是的，"育贤"就是这样——有点甜有些温暖。

喜人的是这节公开课很成功，在12月更是重新进行录制，参与了"一师一优课"的评比。我想我们每个青年教师，其实都是一块璞玉，经过一次次的雕琢，才能在教书育人的道路上有所建树。

一次磨砺，一次成长。"磨课"是一件枯燥的事，反反复复重复着同样的事情,自己的想法在大家的辩驳中慢慢改变,到最后才会破茧而出。当你回头望时,你会发现原来的一切都被抛在了身后,自己上了一个新的台阶,这便是"磨课"的魅力。一次又一次的打磨和雕琢,磨出了教师创新思维的火花,磨出了教师合作交流的默契,磨出了教师把握教材的深度。

宝剑锋从磨砺出,梅花香自苦寒来。我深信努力才能遇见更好的自己!

(文/周琪)

"优课"磨砺促花开

时光匆匆，回忆悠悠，不经意间，踏上教师岗位已经三年了。回顾自己从一名初生牛犊的学生转变为老师，一路走来，有过手足无措的茫然，有过豁然开朗的领悟，有过辛勤磨砺的汗水，也有过收获快乐的笑颜。

与"优课"相遇，"观"众师课堂

正当我迷茫、彷徨的时候，我的师傅顾校长告诉我，要想在自己的教学上有所突破，必须要多学、多看，这样才会有进步。她给我推荐了"一师一优课"这一平台，并告诉我，那里都是优秀教师的示范课，多去看看、多去学习，定能帮助你快速成长。当晚，我就迫不及待地观看了一些示范课，里面的课的确非常优秀。上课的老师语言简明扼要，提问指向性明确，过渡语精美而有诗意，问题设计梯度适宜，循循善诱却不拖泥带水，总结句适度提升，而且还能画龙点睛。观摩完视频后，我暗暗下决

心,自己一定要努力,争取有一天自己的课例也能被展示在上面。那是我第一次接触"一师一优课",可以说那是我们的第一次"相遇"。

与"优课"相识,"知"平台内涵

与"优课"相遇后,我便开始与它相识。我了解到"一师一优课"活动由教育部和中央电化教育馆组织,它以教师课堂应用为中心,创新教育教学模式和方法,推动信息技术与教育教学深度融合,提高教学质量。在"优课"上有来自全国各地的优秀课例,在这里我可以找到不同风格的课例,可以找到同课异构的课例,还可以找到别出心裁的课例。这些优秀课例的展示,既贴近我们的教育教学实际,又具有一定的代表性、指导性。"学然后知不足,教然后知困。"观摩课例是一种学习,是一种领悟,每次的学习都是教师专业发展的过程。

与"优课"相恋,"磨"自身素养

2018年6月,一年一度的"一师一优课"评选活动又开始了,看到活动通知后,我的内心非常激动,跃跃欲试。然而作为一名职初教师的我,起初有些不自信,后来我鼓起勇气,心想我一定要珍惜这次机会。于是,我便开始了一段"煎熬"的"磨课"过程。

课题《小池》确定后,我便自己先读通读懂,对整首诗有个整体的认知,然后结合《语文课程标准》和学生的学情,确定了教学目标以及重难点。教学设计的初稿出来后,我立刻将其呈现给我的"磨课"团队,和同仁们一起推敲初稿,大家认真听我的设计意图,纷纷给出意见,如:对于一年级的古诗教学不能逐字逐句地讲解,这样会把完整的诗句弄得支离破碎,破坏了诗原有的美好意境;朗读指导要有层次性,每次的朗读要有针对性;识字环节要多样化,建议可采用随文识字、归类识字、象形字等识字方法。

第一次的试讲,可以用"失败"两字来总结。试教过后,教研员蒋老师、顾校长、教研组长尹老师和"磨课"团队的老师们聚集在一起进行集中研讨,对某些环节再次进行优化调整。如在理解词句时,蒋老师建议应采用在语境中借助图片、图文结合的方式去理解,因为图片是最直观,也是最让人产生感受的。又比如在朗读环节的设计上要有层次、有目的性,可以先读正确,其次是读出节奏,然后是初步地感知古诗内容。通过一次次的"磨课",我学会了要在课堂生成上多几个预设,那样就能很好地把握课堂的走势,应对学生突然提出的问题也能够游刃有余地给予解答。

就这样,我的试教进行了第三次,第四次……每次试教过程中总存在或多或少的小问题,试教结束后,自己先反思一下哪个环节有问题、怎样修改会更好。团队的老师们也不厌其烦地每次来听我试教,给我中肯的修改意见。

对我来说,整个"磨课"过程,犹如破茧化蝶。从刚开始的迷茫,到后来慢慢地有所领悟,直到最后尽情享受那份收获的喜悦,一步步让我感受到了"磨课"的意义。

与"优课"相伴,"促"专业成长

上完课,我深深地感觉到要上一堂好课真不容易,它需要不断地打磨、修改、锤炼。"磨课"的过程更是酸、甜、苦、辣、咸五味俱全。每磨一节课,其过程和结果都是一笔宝贵的财富,失败的经历更有价值,如果每次磨课都能不断反思、不断修正、逐步积累,那磨课就不再是烦恼,而是一种促进成长的幸福体验!这一路走来,感谢学校领导和教研员精准、耐心的指导,感谢教研团队,感谢帮我"磨课"给我建议的每一位老师。

一分耕耘,一分收获。这次"一师一优课"活动,让我在教学研究上得到了理论提升;这一次次"被打磨",让我的教学水平也有了质的飞跃。我作为一名职初教师,收获满满。最后,我的课例《小池》也有幸荣获上海市"优课"。一次蜕变,一次磨炼,一次收获,一次成长,在以后的教学工作中,我将一如既往,再接再厉,力求做得更好!

"优课"与我"相遇",为我指明清晰的道路。

"优课"与我"相识",为我搭建成长的平台。

"优课"与我"相恋",让我积蓄前进的能量。

"优课"与我"相伴",让我遇到更好的自己!

(文/戴嘉俊)

我和 PBL 的故事

近年来,在全国乃至全球教育领域,PBL(项目化学习)必定是最受关注的关键词之一。PBL 作为一种领先的教学模式、教学理念、学习方式,越来越受到专家、教师和学生的欢迎。作为一名普通的一线教师,我在与 PBL 的不断接触中,也逐渐感受到 PBL 的无限魅力。

毫无预兆的初见——茫然无措

与 PBL 的第一次相见是毫无预兆的。

2019 年 1 月 9 日下午,我正在参与一个名为《项目引领区域联合提升规划》的小学自然区级教研活动。在那次活动中,从小学自然教研员褚老师的口中,第一次听到了 PBL 这个词。当听到这个词的时候,我和其他所有人一样都感到十分陌生。通过褚老师的专题讲座《实证研究,开拓进取》,我才对 PBL 有了最浅层的认识。

PBL 是 Problem-Based Learning 的缩写,它一般指向的是一种问题

驱动教学法。学生由一个驱动问题出发,通过解决问题的过程,提升学生的核心素养。

与PBL的第一次初见,感觉并不那么好,更多的感受是茫然与不知所措。

意想不到的再遇——小试牛刀

经历了与PBL的初见,我并没有把它太放在心上。然而,第二次的相遇更像是命运的捉弄。

2019年的寒假前夕,我接到学校任务参加"名爵杯"教学评比,而评比的内容正是项目化学习的方案设计与实施。"书到用时方恨少",这句话最能体现我当时的心情。我对PBL的认识还停留在文字层面,竟然让我完成设计方案,这简直是不可能完成的任务。我的内心很拒绝,但是内心中另一个我告诉自己,去试试看也无妨,或许能得到意想不到的收获。

于是,在寒假的第一天,我怀着忐忑的心情来到"世外"青浦校区,参加了本次教学评比活动的开幕式。在之后的分学科培训中,我对项目化学习的本质有了进一步的认识。为我们小学自然学科做项目化方案设计培训的是上海市小学自然教研员赵老师,他细致的讲解,让我认识到了PBL中的P,不单单是问题,更可以是产品、项目。项目化学习的场所不应局限于我们的学校、实验室等场所,更可以是全市众多的科普场馆,然后利用场馆中开放的资源和情境,为学生创造积极主动和真实有效的教育体验。这样的解读让我一下子好像对PBL有了清晰的认识。

接着,我就以奉贤区第三水厂科普教育基地为场馆资源,设计了项目化学习方案《亲近水资源 探秘"自来"水》参与评审,并顺利通过了预赛,获得参与市赛的资格。

理论与实践的结合——深入了解

与PBL的接触学习让我尝到了甜头,但是我深知对于PBL的学习一定还要加强理论学习。有幸参与褚克斌名师工作室以及2019奉贤区小学自然骨干教师实验创新综合实践班,让我能有更多的机会接触项目化学习领域的专家。

2019年4月2日,在主题为"让每一个学生在项目化学习中实现更好发展"的小学自然教研活动中,我有幸再一次聆听了市教研员赵老师的专题讲座《跨学科课程的开发与实施》,这让我明白了项目化学习的设计要关注跨学科的课程整合、打破学科的壁垒。2019年11月,在聆听了上海师范大学郭长江教授的专题讲座《项目化研修中教科研案例与成果撰写》后,我体会到如何将原本的知识教学转化为做项目、转换为真实问题的解决,这是项目化学习的关键……

然而,理论永远是"纸上谈兵",无法体会项目化学习真正的本质。于是,我也积极将理论付诸实践。2019年6月,有幸参与上海交通大学工程训练中心组织的无人机基础与探讨,我体验了一下学生的角色,从一个学生的角度重新认识项目化学习,明白了驱动问题对于项目化学习的重要意义,懂得学生的研究热情是项目化学习实践的动力来源。

水到渠成的融合——融会贯通

在PBL中,学生是实践研究的主体参与者,但是教师也是项目研究过程中不可缺少的一环。

教师在设计项目化学习方案和实施时,要考虑到方方面面,才能达到完成度较高的项目化学习活动。只有这样,在PBL实施的过程中,不仅仅学生的核心素养得到了提升,教师的能力也得到了极大的提高。2020年突如其来的疫情打破了日常的教学,然而第二届"学习素养·项目化学习"全国案例征集与评选活动还是如约在网上进行。本次评选,我克服极大的困难,设计并撰写了两篇项目化学习案例《自倾式吊水桶》和《亲近水资源 探秘"自来"水》,在网络和线下代表奉贤在全国和市级专家面前做了交流,并由奉贤区教育学院推选至市级层面进行评选。

我和PBL的故事还在继续着,接下来我将和我的团队一起团结合作,大胆实践,推进我校PBL课程的实施落地。

(文/王志刚)

让每个孩子都发光

2019年9月，正逢学校每年都会举办的一年级准备期展示活动，一年级组给了我一个任务，上一节面对家长的英语公开课。

接到这个任务的时候，我既期待又忐忑，作为一个新教师，我并没有很多公开课的经验，突然在全班三十几位家长的注视下上课，我非常紧张，担心家长会不会觉得我的英语课很"无聊"，又担心班级里几位还没适应小学生活、上课的时候经常坐不住的小朋友会突然站起来"捣乱"。但是想到和孩子们一起适应、磨合的这半个月里，我们已经慢慢熟悉起来，每天35分钟的英语课氛围总是那么活泼欢快，从一个个高举的小手中，我感受到了孩子们对英语的喜爱，很想让家长也感受一下这份热情。于是，放下一切顾虑，我开始思考，到底什么课可以让每一位家长们都能看到自己的孩子都在快乐学习英语、享受英语呢？

带着这个疑问，我翻开了英语书，第一课时是 M1U1 "Greetings"，大多数小朋友在幼儿园的时候就已经学习过"Good morning"此类的问候语了，无法体现小学和幼儿园的区别。第二课时也 pass，在第一节课的时候就已经教过小朋友互相介绍彼此了，上课的氛围不够活跃。正当我一筹莫展的时候，我看到了手边新下发的 Kids' Stories，脑海中灵光一现：对啊！我可以上一节故事绘本课！

Kids' Stories 是世外教育集团出版的英语阅读教材，由根据牛津英语课本中的主题选出的相匹配的故事组成，低年级主要以绘本的形式呈现，旨在通过有趣的绘本故事培养学生的语音语调、扩充学生的词汇量、锻炼学生的记忆力。恰逢前几周"世外"教研课，我就上了一节一年级的"Story1：Making a hat"，孩子们跟着我一起说、一起演，他们都非常喜欢这种全新的授课方式，课堂上欢声笑语不断，包括那几位上课坐不住的小朋友也都能被有趣的故事所吸引，配合我一起做动作表演，一双双稚嫩的眼睛里散发出耀眼的光芒。经过英语组内老师的商讨和建议，我选定了"Story3：Football Game"。

兴致勃勃制作完课件备好课的我，很快迎来了第一次试教，但却被泼了一盆冷水："老师，什么是 football？""我知道！是足球！""老师，足球不是用脚踢的吗？为什么他们用手抱着球呢？""老师你在说什么我听不懂。"……

课堂上这样的提问不绝于耳，一年级的孩子们大多没有接触过美式橄榄球，他们无法理解 Football Game 的比赛规则，只能盲目地跟着我做 run、jump、throw、score 的动作，自然也理解不了绘本的含义、记不住动作的顺序，加上我设计的全英语过渡语太难，很多小朋友无法理解意思，课堂显得非常混乱。而这一切的原因是我没有考虑到低年级学生的年龄特征，忽略了最基本的一件事情：如果学生通过你的课堂无法理解美式橄榄球的比赛规则，那这节课就是失败的。

下课后，我并没有因此消沉，反而很感谢这次试教让我发现了那么多问题，带着这些问题我去问了英语组的前辈教师，她们给了我非常多的建议，比如在课前可以放一段美式橄榄球的比赛视频；拿一个实物橄榄球过来展示更直观；大课间的时候可以先带孩子们去操场上玩一次橄榄球；过渡语可以适当加一些中文，多做一些肢体动作等。热烈的讨论让我感受到了来自"育贤"英语组这个大家庭的温暖,从她们身上,我看到了一种匠人精神,那就是对教学的执着,对每一堂课精益求精、精雕细琢的精神。学生都有向师性,对于新教师的我而言,英语组的老师们就是我的"师",身在这样的集体中,很难做到不去学习、不去思考、不去钻研。根据大家的意见,我修改了教案、简化了过渡语、优化了课堂活动,很快,一年级准备期展示日那一天到来了。

小小的教室里坐满了家长,他们带着殷切的目光注视着我,同时也关注着自己的孩子。我能让每一个孩子都听懂这节课吗?我深吸一口气。相信你自己,我在心里对自己说。相信孩子们,相信这一个月的磨合,相信我们之间的默契,相信他们每一个人都能在课堂里闪闪发光。铃声响了,"Class begins!"我先用儿歌热身,让学生迅速投入到英语课堂上来,接着我创编了一则 chant 让他们猜出今天的主角 football,然后我用简单的图片和肢体语言为孩子们介绍了橄榄球的比赛形式以及比赛规则。通过滚雪球的方式、一幅图一幅图的梳理,孩子们加深了对绘本的理解,都跟着我满脸笑容地表演"I can throw!""I can catch!""I can score!""Touch down!"。伴随着最后一声欢乐的"Hooray"下课铃声响了,家长们掌声如潮,久久不能平息……

现在回忆起那一天孩子们灿烂的笑容,我还是会嘴角上扬,每一个闪闪发光的孩子都会汇聚成一股力量,这股力量直击我的内心深处,指引着我成为一位好老师。期待疫情结束,阴霾散去,万物复苏,和闪闪发光的你们重聚校园。

(文/陈诗慧)

我的"亮相课"

朗朗读书声,声声入耳。每当我想起三尺讲台,就想起了那群天真可爱的孩子,他们稚嫩的读书声仿佛就在耳边。转眼踏上讲台已近两年,三尺讲台带给了我太多太多只有自己知道的快乐幸福和艰难困苦。

还记得去年的一年期考核,我有幸进入了上课环节。可一想到要面对那些有经验的评委老师,我就不由得感到紧张。我要上的是一年级下学期的一节故事课"A boy and a wolf"。

《放羊的孩子》是小朋友们熟知的故事,但用英语来诠释还是头一回。如何把这节课上得有趣、生动、易懂是一大难题,带着困惑和一些刚刚形成的思考,我上网查找有关资料,希望从中得到启发。可随着课看得越来越多,我反而找不到自己的方向和切入点了。

就在我迷茫、不知所措时,英语组的老师们给了我一个简单却十分有用的建议:重新看一遍教材,从小朋友的角度看课文。于是,我翻开书本,把整个故事从头到尾梳理了一遍,参考之前看的优秀教师录像课,逐

渐有了自己的框架。

学生对于这个故事本身是熟悉的,我需要创设一个能令他们印象深刻的主人公形象,并突出放羊孩子的性格特征、心里想法,以此来引导学生感知整个故事及故事带来的启发。

在一次次的打磨后,我不断调整自己的教学方式,从拘束到放松,试着把自己当作学生,融入学生群体。在此过程中,孩子们也因为我的改变而更愿意发言了,发言时也不再有所顾虑了。看到学生们的这些转变,我惊喜不已,这一堂亮相课,真的值!

到了正式上课当天,由于是借班上课,面对不太熟悉的孩子,我心里多多少少有些担心,孩子们看我的眼神也是既好奇又胆怯。为了拉近和孩子们的距离,我特地在说上课指令前,面带微笑地介绍了自己,紧接着我用孩子们学过的语句来与他们打招呼,这一套流程下来,孩子们一扫之前紧张的表情,个个期待地望着我。渐渐的,我和孩子们都进入了状态,While-task 环节是将整个故事讲给孩子们听,并对其中的知识点进行操练。为了不让故事过于平淡,我用了不同的方法引出每段内容,每一次都让孩子们感到惊喜;操练时为了避免枯燥,我加入了游戏和谜语的方式来增加趣味性。在我的感染下,几乎每个孩子都能积极参与进课堂,更乐于与我互动,他们个个眼睛里闪着求知的光芒,对我提出的问题也是有问必答。最后的 Post-task 环节,我制作了本节课中出现的几个人物的头套,孩子们看到后都非常愿意上台演一演,极大地调动了他们的积极性。一整节课下来,孩子们都与我配合得很好,举手发言特别积极,发音也很标准,表达完整、流利,精心打磨的课得到了听课老师的一致好评。

这次亮相课给了我很大的启发,也让我从中发现了自己存在的许多不足。在设计教学方案时,我应该全面考虑与学生有关的一系列问题:"学生已有哪些生活经验和知识储备?""怎样依据有关理论和学生实际设计易于为学生理解的教学方案?""学生在接受新知识时会出现哪些情况?"等。于是,我有了这样的思考:一方面,在设计、组织教学时,要把自己融入学生群体中去,顺着学生的角度思考问题;另一方面,要把课堂还给学生,充分调动学生的学习积极性,才能确保教学过程有序、有趣、高效地进行。

当然,课堂中的丝丝细节也值得我认真关注,例如:在单词教学时,要让每个孩子都参与进来,并注意他们的发音;对于比较难理解的指令,要给予充分的说明,并为学生做出正确的示范;在教授课文重难点时,要加上语气变化和肢体语言,加深学生的印象。

在成长的道路上,我收获了许多感动,也有了很多思考,它们有的来自学生,有的来自身边的老师。而这一切慢慢成就了我现在的样子。

教育之路漫漫,我要学习的还有很多很多,学习老教师上课时从容不迫的样子、学习他们细致入微的工作态度、学习他们对学生发自内心最真诚的爱……

而我,愿乘长风,破万里浪,高挂云帆,在沧海中勇往直前!

(文/王羽婕)

同样的课堂,不同的思考

美国著名学者威尔·杜兰特曾经说过:"教育是一个逐步发现自己无知的过程。"

作为一名职初教师,许是初生牛犊不怕虎,我对自己的课堂教学充满了信心与美好的憧憬。当我踌躇满志、满怀期望之时,四年级的大孩子们却用三节课的时间结结实实地给我上了教育生涯的"第一课"。

初识

这是我第一次与学生们见面,走进班级的那一刻,教室里瞬间安静,我的内心窃喜,学生们的一双双小眼睛都在打探着眼前这位没见过的老师,透露出好奇的目光。就像刚进大学时介绍自己一样,我踏上讲台,面

带微笑,向同学们介绍道:"大家好,我是倪老师,今天由我给大家上课。"为了给学生们留下最好的印象,整节课我都保持着和蔼可亲的笑容,用最温和亲切的语气与学生们沟通交流着,很快一节室内体育课结束了。和同学们道过"再见",自我感觉还不错,觉得上一节课似乎也不过如此。回想刚才上课的情形,尽管有些同学在我讲话时嬉笑打闹,但当我向他投去和蔼的目光,他马上就收敛许多,甚至会马上端正坐姿,摆出一副聚精会神听讲的模样。这时我想,果然新教师的人格魅力十分重要。

再遇

第二节课,我依旧笑容满面地进入教室,但我立马感觉到有所不同,同学们不再用好奇的眼神盯着我,而是像看见了一个许久未见的老朋友,更有甚者大声嚷嚷着"倪老师!倪老师!""倪老师我感觉好久没见你了呀!""倪老师,你今天好像换了一个发型啊!""倪老师,告诉你一个秘密,我早上上学的时候看见你了呢……"此时的我依旧不以为然,默认为是学生对我的喜爱与亲近。很快又一节课在学生们熙熙攘攘的小吵小闹中过去了,我走出班级,依旧是云淡风轻。

三授

预备铃已响,当我再次走进教室,站在讲台前,底下有自顾自讲话的、追逐打闹的,甚至还有朝我扮鬼脸的。"同学们,今天我们要上的内容是……""最后一排的同学请安静一点!""×××同学你再讲话就到讲台上来讲!"……这节课可谓是上得艰难,直到下课铃响,教室里似乎还充斥着我的训斥,但却没有任何效果。学生们在我训斥时看了我一眼,随即又继续自顾自嬉笑打闹。走出班级的我陷入了沉思……

回到办公室,我和师傅诉苦。明明前两节课还挺好,怎么今天就大变样了呢?师傅给我道出了其中的"明细":教学过程要符合这个阶段年龄孩子的心理特点以及知识认知结构,如果自己这点都分辨不清楚,那就说明还需要再潜心学习。经过师傅的指点,我才意识到自己没有把学生与老师的关系弄明白。一个健康的师生关系应该是张弛有度、收放自如的,应该以"学生为主体,教师为主导"来安排好自己的教育教学工作,而不是一味地去放任学生。

三节课的时间足以让我彻底发现自己的"无知",但也让我之后再次接手新班级时,有了新的认识与做法。只有知道自己错在哪里,再从哪儿爬起来,才能铭记于心。果不其然,吸取了之前失败的经验,我在之后的课堂中对班级学生纪律与风气的把控上有了新的措施,我的教学管理能力也在一节节课中得到了提升。

这三节课,只是我开启教育生涯的一小步,但也是这三节课,让我这个教育新人懂得了教育是一门学无止尽的艺术,只有不断反思总结、学习进取,才能真正成为有人格魅力的教师,才能帮助孩子们实现一个个美好的心愿。

(文/倪浩楠)

用爱绘出温暖画卷

我怀着简单而纯真的信念,做着美术教师的教育教学工作。望着孩子们那明亮的眼睛和稚趣的图画,看着那变幻的线条、缤纷的色彩,我感动,我庆幸,我是一位美术老师,我将倾其所有,让他们的世界美丽如画……

在小学里,美术一直是孩子们最喜爱的课之一。课堂上,他们可以尽情地发挥自己的想象,展示自己的才能,用自己独特的眼光和不同的表达方式来展现他们脑海中的世界。为促进学生们提高,我在班里推行了一系列奖励措施:评选绘画创意之星、评选小画家等,寻找每个学生身上的闪光点,让每个学生树立起信心。

记得在三年级的一节美术课上,我让全班同学画一张自己最拿手的画,全班几乎都拿起了画笔,唯独有位同学静静地趴在桌子上,我问她为什么不画,她什么也不说,只是摇摇头。她的同桌告诉我,她画得不好看,从来不认真画。弄清原由,我告诉她:画画很有趣,只要你大胆画,即

使是乱涂乱画,也会从中发现美的东西。我让她用点、圈和线试着乱涂几下,然后让她在这里边找图形,并涂上颜色。于是,她勉强开始了第一张作业的练习。

接下来的几节课,我又发现这位同学经常不带学习用具,上课从不举手发言,作业时有拖欠。我知道这是自卑心理在作怪!想要彻底改变她,必须建立她的自信心,因为自信是促进健全人格形成的必备条件。于是在美术课中我更加关注她,鼓励、表扬她的些许进步。经过一段时间的观察,我偶尔会看到她的脸上露出一丝羞涩的笑容,仿佛看到了一缕阳光。

开学一个多月后的一天,她悄悄地走近我身边,低声对我说:"老师,今天我带来很多漂亮的蜡光纸,您这节课要教我们做什么呢?"我感到一阵惊喜,她终于从沉默到主动开口找老师说话,这是多么可喜的一步!我问她:"你喜欢上美术课吗?"她点点头。我鼓励她:只要你有兴趣,就肯定能学得很好的。这节课中,我注意观察她,她做得多么认真呀!是呀,兴趣是学习美术的基本动力之一,这种兴趣转化成持久的情感,将使学生终身受益。

她一天天在进步,不但能坚持带齐学习用具,而且能举手发言了。特别让我感动的是她的作业经常别具一格,颇有自己的特色。有一次制作课上,我看到她的作品很独特,我就问她:"你的作品为什么和同学们的不太一样呢?"她说:"我就是要做得跟别人不一样。"多么有个性的孩子!我们不是经常倡导创新精神吗?此时,不正是开发创造潜能的最佳时机吗?我立即在全班同学面前表扬了她的做法,并告诉学生,这就是"创新"。她的行动已证明了她能行,从她的变化中我看到了希望,我坚信每个学生都是小天使,他们都具有学习美术的潜在能力,都能在他们不同的潜质发展上获得不同程度的进步。

作为一名教师,有爱心是不够的,还要有过硬的业务能力。在工作上我对自己提出了严格的要求,平时做到主动听课、精心备课、认真上课,并做好课后的摘记工作。大家都说,你要给学生一杯水,自己必须有一桶水。为了灌满这一桶水,我在业余时间还认真学习业务知识,不断积累,不断给自己"充电",让自己永远立在知识的潮头。

特别喜欢一首歌《长大后就成了你》,我深知那间教室放飞的是希望,守巢的是自己,那块黑板写下的是真理,擦去的是功利,那根粉笔画出的是彩虹,洒下的是泪滴,但我仍用我手中的画笔,继续延续着我平凡的故事,用爱绘出温暖的画卷。

(文/刘倩云)

第五章
潜心修炼，成有理想的教师

坚定信念，胸怀理想；匠心独运，玉汝于成。我们用教育的"多元"培养，让每一位教师都"出彩"。扎实知识，千锤百炼每一项技能；丰厚功底，精雕细琢每一份才华。静下心，数十年如一日自我修炼；抬起头，一步一个脚印行路致远。教育之路如同一场永无止境的修行，唯有卓越是此生不变的追求。

○ 校长心语

"多元"培养,让每一位教师都出彩

教育的根本任务是"立德树人",是解决"培养什么人?怎样培养人?为谁培养人?"的问题,而解决问题的核心在于教师。习近平总书记在第五次全国教育大会上提出,要把建设"政治素质过硬、业务能力精湛、育人水平高超"的高素质教师队伍,作为新时代加强教师队伍改革建设的根本要求与基本标准,加强教师队伍建设有着重要战略意义。

建校伊始,学校确立了"让每一位教师都出彩"的培训目标,为每一位教师搭建成长的舞台,让每一位教师在职业生涯的每一个阶段,都拥有属于自己的奋斗目标,并逐渐让这样的目标体系引导教师在专业成长中逐步悦纳自我、追求卓越,让他们在事业成功的同时感受职业幸福,这是我们一直在思考与践行的方向。

凝聚管理团队,使他们实现高位引领、独当一面。中层管理团队在学校管理中发挥着承上启下的纽带作用,是践行学校教育理念、落实学校决策部署的关键岗位。如何让管理团队思想上合心、工作上合力、行动上合拍,实现高位引领、独当一面?为此,我们做了如下努力:一是"三表"评议制,提升管理效能。"三表"具体是每周工作计划表、每月工作汇报表、学期工作评议表。借助"三表",建立评估激励机制,对管理团队进行实时评价与指导,加强对中层干部的思想引领和专业培养,强化管理工作的有效执行力与及时反思力。二是浸润式培训,实现高位引领。我们根据管理团队的实际需求,加强管理团队培训力度,让中层干部走进名校,开展全方位学习,进行课堂教学、教研活动、主题展示浸润式培训,汲取管理智慧,从而实现高位引领。三是项目化管理,历练独当一面。建立项目负责制,培养管理者主动参与意识与团队合作意识,指导其静下心来深思考,沉下心来做实事,凝心聚力带头实践,最大化提高管理效能。

锤炼骨干队伍，使他们形成教学特色、示范辐射。帮助成熟教师走出"高原期"，克服职业倦怠，成功转型为骨干型教师，这是每所学校面临的重大课题。打造一支有教学特色和教学主张、能示范辐射的骨干教师队伍，推动学校的可持续发展，是我们的首要任务。

"三个主动"促引领。我们要求骨干教师主动展示、主动指导、主动分享，通过"教学示范""带教指导""研思沙龙"等途径，分享学习收获、提出实践困惑、亮出独到观点、引领教师成长。

"二次成长"助发展。我们始终秉承骨干教师是带动学校发展的中坚力量这一思想，有计划地为骨干教师创设机会，支持"高层次"培训，搭建"工作室"平台，建立"教科研"机制，在充分发挥他们骨干引领作用的同时，助推他们专业的二次成长，向卓越教师奋进。

培养青年教师，使他们尽快站稳讲台、胜任岗位。本着"一年站稳讲台，三年胜任岗位，五年成为骨干"的培养目标，学校组建"青年教师成长坊"，通过课题带动、个人自修、反思教学、专题培训等多种方式，大力开展了多元培养活动，实施"分层培养，递进发展"的培养计划。学校十分关注"岗前培训"，对签约教师，要求他们每月上汇报课，每周撰写教学札记，每日记录跟岗日志、练习三笔字等，努力使他们早日站稳讲台。同时，学校更关注"岗位练兵"。对于职初教师，学校选配校内外的骨干教师开展"双轨带教"，要求职初教师每节课备出详案，师徒两人每周互相听课不少于3节，师徒要不断对自己的教学进行反思。这样的带教，使许多新教师在短时间内初露锋芒，一批批青年教师走向成熟。

五年来，学校着眼于教师的发展需求，围绕"让每一位教师都出彩"的培养目标，努力搭建教师专业成长的平台，寻求专业提升的途径，以"一个讲坛"——文馨讲坛，涵养教师教育情怀；以"两项研究"——研课堂、研课程，助推教师专业成长，让全体教师在教育教学实践中实现自我、感受幸福、追求卓越，使"壮干强枝"和"枝繁叶茂"计划卓有成效。

我们的管理团队率先垂范，一个个精彩纷呈的展示活动彰显管理之风，一次次别开生面的主题活动引领教师新思维。我们的骨干教师勇担重任，各学科工作室活动开展得如火如荼，一系列的教学研讨活动推动着青年教师的稳步成长。我们的青年教师敢于实践，勇于抓住机遇，积极投身于教育教学实践,在磨砺中提升学科专业素养、提升综合能力。

路虽远,行则将至;事虽难,做则必成!心若在,梦就在,用心灌溉,梦想终会春暖花开!

(文/顾雪华)

育贤叙事

丰厚教师人文底蕴的"文馨讲坛"

在育贤小学创办五周年之际，新一期校刊《馨苑》又与读者见面了。一路艰辛，一路收获。这一期校刊以生动的笔墨，回望"育贤"创办这五年，从一片荒地到群楼林立，从一张张图纸到规模初具，从一个梦想到一个团队的理想，回望"心愿教育"的成功之旅，令人十分欣慰。

阅读老师们撰写的一篇篇佳作，看着每个人走过的历程，回望我们留下的美丽足迹，我深为"育贤"有这样一支"德能双强"且充满活力的贤达教师群团而感到骄傲。

你看，这一期校刊在"杏坛·贤师风采"专栏里，特地以浓重的笔触分别记述了我校十位"德能双强"的贤达教师事迹。他们中有的是奉贤区名教师，有的是奉贤区"三八"红旗手，有的是奉贤区"十佳师德标兵"，

还有不少在各自所担当的教育教学任务中取得卓越成果的优秀教师。这十位优秀教师代表的涌现,是我校这五年来推进贤达教师群团建设的结果。

我校加强师资队伍建设,这五年有不少创新做法,诸如"壮干强枝"和"枝繁叶茂"的培训计划。开展不同类别活动:岗前教师——"育贤初体验"演讲活动、"教学新星"课堂展示活动;职初教师——"奋斗的青春,我与育贤共成长"演讲比赛、"模拟课堂"教学技能评比;青年教师——"育贤杯"课堂教学评比、"春天正是朗读季"诵读专场;全体教师——"遇见最美的自己"教学技能展示活动等,这些活动为"育贤"教师的"出彩"搭建平台,更为"育贤"校园增添了一道道绚烂的风景线!

不过,这五年来,我校还有一项创举值得我们回思总结,那就是每月定期举行的"文馨讲坛"。这对提高教师的综合素质、成就贤达教师丰厚的人文底蕴,有着举足轻重的作用。

教师是人类灵魂的工程师,是贤明的群体。其"贤",就在于心灵的塑造与"心愿"的培育;其"明",就在于知识的传授与智慧的启迪。教师素养的厚度,决定了学校和学生发展的高度。那么,怎样才能使教师成为"贤明"的群体呢?作为学校,就必须重视文化资源的开发和利用,创设学校文化,种下学校文化的种子。为此,我校在开创的第一年,就开设了"文馨讲坛",讲坛内容涵盖文化、艺术、美学、教育、哲学、礼仪等。学校邀请知名学者、成功人士走进校园,通过与专家对话、与名人交流,全方位地提升教师素养,增强文化底蕴。同时还开展以"品书墨之香、育贤达之人"为主题的"荐书、读书、评书、讲书"读书交流等活动,不断提高教师队伍的综合素质,引导"育贤"教师争做学习型、知识型、创新型的时代新教师。

学校每月一期举行的"文馨讲坛",深受教师欢迎。这五年来,校刊也常刊登关于这方面教师的体会文章。我记得路珺老师和宋静怡老师就曾在校刊第二期分别写过《礼仪之花绽放五彩课堂》《修炼礼仪,让自己更美好》的文章,指出"礼仪之花绽放课堂的重要性"。小宋老师深有感触地在文中写道:"步入教师这个行业后,我发现教师的礼仪与日常礼仪又有些区别。""教师的形象在校园里代表着睿智和练达,小学阶段的孩子正处于善于模仿的时期,教师在学生心目中享有较高的权威性,是学生最爱模仿的对象之一。教师简单大方的服饰更符合教师的形象,对学生注意力的影响最小,并且有益于学生从小形成正确的审美观。"这充分体现了"文馨讲坛"播下的文化种子,已在潜移默化地提高着教师的精神素养。

　　路虽远,行则将至;事虽难,做则必成。要打造一支适应新时代发展需要的"贤明"教师团队,虽然路还很远,还有许多工作要做,但我相信,只要我们脚踏实地、一步一个脚印,我们育贤小学在新五年的发展中,一定能以质量立高峰、以特色亮高峰,永远"馨馨"向荣,成为奉贤教育品质发展新名片。

(文/陈雪观)

不忘从教初心,坚守教师梦想

有一首歌这样唱道:"最初的梦想,紧握在手上,最想要去的地方。怎么能在半路就返航。最初的梦想,绝对会到达。"回想我的教师成长之路,就是怀揣梦想,用智慧和行动,朝着最初的梦想不断前行!

初见: 面对一双双求知的眼睛我无怨无悔

初见,是缘分和美好。小时候我就有一个梦想,梦想有一天能像我的老师那样"桃李满天下"受人尊敬。怀揣着对人民教师这一职业的无限崇敬与向往,我毅然踏上了教育的征途。

初中毕业,我考入上海市松江师范学校,三年的磨砺让我练就了"一

专多能"的本领,懂得了"要给学生一杯水,教师要有一桶水""学高为师,德高为范"的道理,为我后续进行教育教学工作打下了扎实的基础,也让我对教师这个职业有了进一步的认识。

告别松江师范学校,我带着青春的激情和满腔的抱负,踏上了三尺讲台。当我站上讲台那一刻,面对一双双渴求知识的眼睛,作为教师的一份责任油然而生。我始终不忘从教初心,坚守"一切为了学生、为了学生一切、为了一切学生"的信念,从"学生需要什么?""我能做什么?""怎样做得更好?"等方面不断要求自己,让自己做得更好!

从懵懂到逐渐成熟,选择做一名人民教师,我无怨无悔,我毅然决然。

前行:做好"蓄势"的准备才有底气

前行,需自信和智慧。自信激发勇气,这种勇气的背后是自我积淀后呈现出的一种自信。多学科的执教经历,让我在初入小学体育教学时好像有了些许优势,但我清醒认识到仅凭这些是远远不够的。我利用课余时间完成了学历进修,期间还参加各级各类培训,如:首批上海市学校体育领军后备人才培训班、上海市新农村培训者培训班、奉贤区首批中小学骨干教师后备人选培训班、奉贤区第三期学校教科研骨干培训、奉贤区首批中小学骨干教研组长培训班、"学转英超"全国足球教练员培训班、中国足协D级教练员培训班等。

把学习到的先进理念进行内化修炼,更好地为教育教学服务,这就是一种智慧。每一次外出听课,回来后进行"移植课堂",已成为我的一种习惯。"全校足球操""年级足球赛""班班足球课""足球大课间",校园足球开展如火如荼。我还相继进行了"以贤润教"构建小学人文体育课堂实践研究、小学"炫动足球"校本课程开发与实践研究、基于中国健康体育课程模式的小学体育"动趣"课堂的实践与探索。

蓄势前行,只有你充分做好准备了,前行才更有底气,才能走得更稳。

成长:在"挑战"和"超越"中展现个性特色

成长,需挑战和超越。徐燕萍老师曾说:"体育教师成长要像撑杆跳运动员一样,巧妙借助杆子的力量让自己跳得更高!"

以课堂教学为主阵地,形成教学特色。教育的根本任务是"立德树人",我始终从"培养什么样的人?如何培养人?为谁培养人?"出发,以体育学科核心素养培育为目标,围绕课改热点,潜心研究,使学生"易学、乐学、善学",从而系统地掌握体育知识和锻炼方法,养成终身锻炼的习惯。通过教学实践,我的课堂教学获得认可,曾获第五届全国中小学体育教学观摩展示活动全国二等奖、上海市中小学体育教学比赛一等奖等。

以教育科研为突破口,凸显科研特色。教师不能只想做一名好的教师,更要成为有专业水平的教育家,只有在思想上对自己提出更高的要求,才能不断进步,才会不断扩展自己的知识理念。我始终聚焦课堂教学,对出现的细小问题细心思考、深入研究,使自己在教育教学等方面有所突破。近几年来,我主持了2个区级课题、2个国家级子课题,多篇论文在全国、市、区级获奖。主持开发的《炫动足球》校本课程获得了奉贤区首批百项校本特色课程称号,本人被评为奉贤区校本课程实施"特色教师"。

以课外训练为切入点,展现个性特色。课外训练是展现一名体育教师个性特长的舞台,我曾带队连续多年蝉联奉贤区小学生足球赛冠军。我也连续两届获奉贤区学生活动节"优秀活动指导教师"称号,获2012—2016年上海市奉贤区体教结合工作先进个人。

在从"优秀"到"卓越"的挑战和超越中,我向着"四有"好教师不断迈进!

感恩：懂得感恩才能始终立足教改前沿

感恩,要心动和行动。一路走来,我遇到了一个又一个的良师益友。华师大季浏教授、特级教师高峰、教研员俞老师、倪老师等导师,在我教师专业成长路上给我很多的帮助,让我能快速成长!在我几次的评比课、展示课中,区中心组、学校教研组的老师们一起研讨,让我感受到了团队的力量。感恩学校,给予我很多外出学习的机会,通过学习,让我始终走在教学改革的前沿。

用自己的梦想去感染和影响别人,用自己的梦想去点燃别人的梦想。几年来,我利用区小学体育陈立名师工作室、奉贤区《炫动足球》共享课程等平台,把我学到的专业知识和做人的道理传授给需要的人。

　　昨天已经是历史,今天我们正在努力,明天需要共同创造!心若在,梦就在,相信只要不忘初心、坚守梦想,就能到达梦想的彼岸。

(文/陈立)

我和 DREAM 英语工作室

育贤小学 DREAM 英语工作室从 2018 年 9 月开始筹备，正式成立于 2019 年 2 月。工作室有 11 名学员，是一支富有活力、充满朝气、团结向上、无私奉献的教师队伍，我们有着共同的追求和信念，用责任和担当共同演绎着一个个青春故事，在平凡的岗位上默默耕耘，谱写着自己快乐的乐章。DREAM 一词，取自于学校的办学理念"为了实现每一个孩子的美好心愿"的"心愿"二字，成立这个工作室，最终目标也是想帮助英语老师们早日实现她们心中的教育梦想和心愿。

提升专业素养，我们需要学习充电

"张老师，我觉得今天的故事教学还是欠缺点气氛，如果后面有时间让孩子们演一演的话更好！"

"我觉得这个 scarf 的词汇教学，应该在它的复数变化上要花些时间，

因为这个是重点也是难点,更是考点,我们可以通过媒体的变化将它突出一下。"

……

"听了大家给我的这些宝贵意见,我觉得自己需要学习改进的地方还有很多!"

"爱学习、求上进,总是件好事!"我微笑着说,"这里正好有3个上海市小学英语优质课赏析研讨班的培训名额,小方,你和范老师和琦琦姐一起去学习吧!"

每一次工作室的研讨活动,气氛都是那么融洽,大家的讨论又是那么热烈,让人收获颇多。面对大家的好学上进,工作室为了提升学员专业素养,平日里除了教学研讨、学习一些专业书籍外,还比较注重请进来、走出去,多层次多角度的培训学习,让老师们不断学习先进的教育理念,拓宽老师们的眼界。我们聆听了梅德明老师《在核心素养视域下绘制英语课程改革新蓝图》的精彩报告、邹为诚教授《利用分级阅读,达成教学目标》的主题讲座,还聆听了朱浦老师《核心素养背景下的英语课堂教学特征》《上小英阅读教学的实践与思考》学科讲座,工作室导师蒋新群老师《单元整体架构下的作业设计》专题讲座等。专家们的讲座让老师们进一步明晰了英语教师的教学思路,相信大家一定会学以致用,将这些方法运用到英语教学中,为提升英语教学品质而不懈努力。

工作室还选派年轻老师参加各级各类学习班,如"2018年上海市小学英语优质课赏析研讨班""2019年小学英语单元整体教学设计与实施观摩研讨活动""基于单元整体的小学英语故事教学""第十二届两岸小学英语精品课堂教学研讨会"等。丰富的学习方式使以往较机械、枯燥的理论学习变得生动起来,能够消除学员教师学习的畏难情绪,循序渐进地实现"丰富教学理论—更新教学理念—提升教学品质"的目标。工作室成立至今,有6人的文章发表在《馨苑》校刊上,1人的文章发表在《现代教学》上,1人在区级层面作毕业班教学经验交流分享,4人执教区级公开课,5人获区级各类教学论文案例(课例)等第奖,英语组教师才艺展示获区团队二等奖。

提高教学技能，我们需要不断实践

"张老师，刚接到马老师通知，说让我下学期9月份开学上一节区级公开课，作为市级比武课的选拔赛。怎么办呀？"

依稀记得那是2019年6月的一天，工作室将独立打磨第一节区级公开课。从琦琦发给我的第一条微信里，言语中能感受到琦琦的焦虑不安和不知所措。作为一名入职刚满3年的老师，能有这样的机会很难得，我为琦琦感到高兴。马上回复她鼓励道："这是好事！有团队在，不用怕。你先翻翻三年级第一学期的书本，看看选哪个主题比较有灵感。下周工作室活动我们再一起讨论。"毕竟是市级比武课的选拔赛，机会难得，这不仅仅是老师个人的事，也是学校的光荣，若能被选中更是荣耀万分。

发完信息，想到这，我也顿时感到压力如山大，但想到有我们团队在，我又松了一口气，因为我相信通过我们的团队协作，一定能把属于育贤小学英语组的亮相课上好。

就这样，从毕业季的6月一直走到开学季的9月，工作室打磨的第一节区级公开课从课题遴选，到磨课试教再到定稿展示，历时整整三个月。DREAM英语工作室是一支具有强大凝聚力的团队，大家心往一处想，劲往一处使，冒着酷暑、舍下孩子，一次次地围坐在一起进行头脑风暴、教案调整、媒体优化、板书设计……

每位老师都全心投入，全程参与，献计献策，协同作战。选拔赛当天，我们"育贤"团队打磨的这节课，受到了教研员和听课老师们的一致肯定和好评，琦琦本人也成功入选市级比武课的说课团队，进行进一步的历练和成长。

工作室成立至今，组内教师每一次的课堂教学展示，包括骨干教师展示课、教研课、"育贤杯"比武课等，一次次试教，一次次磨课，一次次研讨交流，一次次教学实践，大到课的总体情境、结构设计，小到媒体布局、板书排列、过渡语使用等，都是智慧火花的碰撞，对全组老师来说也是自身专业水平的一次又一次提升，每一次圆满的呈现是我们团队集体智慧的体现。

DREAM英语工作室是学校教育教学工作的一支生力军，老师们工作热情高、干劲足、作风踏实、乐于奉献,从不计较个人得失,大家齐心协力,以自己出色的工作为学校教育教学工作添砖加瓦。我们相信:没有最好,只有更好!乘风破浪,勇攀高峰!

(文/张宏)

"小语"在成长

一支年轻的教师队伍是学校的活力所在,但正因为此,这些新鲜的血液更需要源源不断的理论与实践,需要对自身专业发展进行提升与巩固。

制定规划,博采众长

初入职坛,学校给了我一个艰巨的任务:学校要设立1—5年期青年教师的学科互助学习坊——"小语成长坊",为职初教师们搭建一个互相学习、合作共研的专业化成长平台,让我作为主持人和我的学科伙伴们互相学习、合作共研。接到这个任务的我起初是无措的,我作为一名新教师,要如何不负期望,堪此重任,让年轻的语文教师们自主提高、共同发展呢?迷茫之际,正逢学校组织教师们基于学校发展制定自己的个人三年发展规划。于是,我们整合职初语文教师们的发展规划,找到发展

共性，制定出一份属于"小语成长坊"的三年发展规划，为后续年轻的语文教师们的学科专业发展以及德育班团管理指引方向。

群策群力，集思广益

由于"小语成长坊"成员半数多执教低年段，接触部编版语文教材的时间较短，我们便把前几次的活动聚焦在低年段教材的解读与实施中。大家结合低年段部编语文教材的特点，围绕识字与拼音，年轻的思维集聚一堂，迸发出智慧的花火，交流着教学中的心得与感悟，分享着教学过程中识字教学的方法。智趣学习存效良久，有趣的活动、好玩的游戏、可爱的卡通形象更是增强了孩子识字的兴趣与积极性，使语文识字教学更为有效。面对统编版语文教材一年级的拼音教学，我们发掘更多种形式的教学方法：情境教学、儿歌诵读、游戏记忆等在一场场真实课例中得到了有效落实。年轻的语文教师们寓理论于实践，寓教于乐，想方设法调动学生参与学习的积极性，为学生创设新颖而良好的学习环境，让学生在拼音王国里快乐地遨游。

研讨反思，精耕细作

为使活动丰富多彩，更有质效，除集体研究教材、备课、听课和研讨外，我们也会定期开展以阶段质量分析为载体的探讨。以语文阶段调研为例，从学生的答题情况展开，"小语"教师们具体分析自己所执教学生存在的优势、问题及原因，反思日常语文教学中的得与失。针对所存在的问题，"小语"教师们亦会进行激烈的讨论与深刻的剖析，提出具体的改进措施，并明确今后各年段语文教学努力的方向。为使我们的互助学习更有质效，每次活动我们都会提前聘请教学经验丰富的嘉宾教师，前辈们会针对研讨的主题与内容——为年轻的教师们指出不足之处，为他们答疑解惑。教学是一门艺术，对于小学生来说，同一句话，用不同的语气可以起到不一样的效果；同一个知识点，不同的教学技巧也会造就不一样的效果。教师所要做的是走近孩子，让孩子们真正喜欢语文课，从而达到更好的教学效果。

共克时艰，教研先行

教研有道，探索无涯。一场突如其来的疫情打乱了人们的生活节奏，也让线上教育在一夜之间迅速走进了校园。为了更好地提高直播课效率、加大作业监管力度、创新直播方法、探究课程内容，我们开始充分利用网络平台，每两周一次开展"云教研"，提前发布活动方案、告知具体安排。同年级教师集体备课，其余教师开展观课座谈会，关注教学目标、教学设计、互动方法、互动效果等方面，归纳总结不同教师值得借鉴的教学思路、互动答疑环节的优秀互动方法、实际操作的困难、解决措施……即使窗外病毒肆虐，但我们的心紧紧地系在一起，心往一处想，劲往一处使，在教研中积极献言献策，只为把每一个知识点更好地传递给孩子们。

冬去春来，"小语成长坊"给予我们的不仅是教育教学上的进步，更有同伴互助的协作意识。把所知所学授予孩子，他们的信任、收获与依赖即是自己最大的成功，这是一种无以言表、源源不断的快乐。我们在这种点滴平凡中体会别样的幸福，而这种幸福，自是让我们对教育爱得更深沉。教育从未停歇，学习不曾止步，我们的教育故事也刚拉开序幕……

（文/张佳婕）

甘愿当好"管家"

怀着无限憧憬,踏上梦寐以求的讲台已经二十多年了。作为一名数学老师,我一直追求着、付出着、耕耘着、收获着。

自2015年来到"育贤",受学校的器重,我负责学校数学教学工作。面对一群二十出头的姑娘们,如何带好这支队伍,我迷惘了。该做她们的姐姐,还是师傅?后来,我发现,我是她们的"管家"。

一个教师能在其专业领域内走多快,取决于教师的"成长力";一个团队能在其研究领域内走多远,取决于团队的"向心力"。教师奠定学校发展的基础,教研引领学科教学的方向。在这个思想指导下,我们这个年轻的教研组走过了五年历程,五年中这个小家庭已成为一个优秀团队,而我这个管家也在期间慢慢成熟。

"师傅,下周是我的新教师研讨课,这是我的教案,你能帮我看看吗?"

"师傅,我教研课的这个环节试下来不理想,该怎么办?"

"师傅,这次区级青年教师教学评比决赛我该选择什么内容?"

"钟老师,我的职称评审课内容出来了,我好紧张……"

一声声亲切的师傅、钟老师,代表的是初站讲台的新教师对我的尊重,传递的是青年教师对我的信任。每一个被需要的时刻,总是让人觉得欣慰,让自己感受到存在的价值。看着她们,我想起自己初站讲台时的忐忑,如果没有师傅的指导、没有老教师们的帮助,哪来现在成熟的我。

时间匆匆奔跑着,我们的教研活动生动活泼地开展着,不经意间一个个真实而感人的故事常在我们身边发生。

"各位,今晚加班时我们研讨的是下周区级教学研讨课。"

"课件制作环节就交给我们。"

"我办公室里有彩色卡纸还有塑封机,板书环节我来。"

"试教班级等事宜我来安排。"

……

一次次教学环节的讨论、一道道配套练习的甄选、一句句课堂用语的推敲,看似只有35分钟的一节课,背后展现的是一个团队的强大力量以及参与教师默默的付出。

天色渐渐暗了,会议室的灯亮了,但老师们似乎忘记了时间,忘记了家人的牵挂。思索时的眉头紧皱、满意时的会心一笑、争论时的面红耳赤,犹如一幅幅美丽的剪影摇曳在窗口、沉淀在心中。而每当此时,作为"管家"的我看到这样的场景,为我们青年教师的快速成长感到欣慰,为我们这个团结的团队感到欣慰。

我热爱数学教学,更热衷于我们每一次的教研活动。在一次次的教研活动中,组内每位老师总结经验,彼此鼓励,自我反思,他们的发言或质朴、或直白、或委婉、或挑剔,这些都成了我们青年教师教育教学成长之路上的点点星光,有时指引我们阔步前行,有时警醒我们驻足回顾。在这个年轻而充满活力的团队中,我们一直追求着这样一种境界:组内的每一位教师都能成为教研的主人,能在每一次教研活动中倾吐心声,实现自我、感受成功,营造"我参与、我提高、我快乐"的良好教研氛围,创造性地开展数学教研活动。一个人可以走得更快,一群人能够走得更远!在"育贤"的这五年,教研组成绩显著,回想起曾经的种种,我感谢组内的姑娘们。

  帮助加鼓励,这就是我这个"管家"的光荣责任。未来的路还很长,我愿意继续当好这个"管家"。

(文/钟丽)

一次次"磨课",一次次成长

五年前的那个夏天,我从母校上海师范大学毕业后,带着对教育事业的热切向往,带着对教师的崇拜,带着对教育事业的憧憬与热爱,我选择做一名光荣的体育教师,在奉贤这片生我养我的土地上奉献我的青春。"育贤"是一座洒满阳光的校园,梦想的种子在这里萌发。就这样,我便开启了人生的一个新篇章,我的教师梦从"育贤"扬帆起航。

一个教师的成长,离不开公开课的锤炼。2018 年 4 月 3 日,我清楚地记得那个非同寻常的日子。踏上工作岗位的第三年,我有幸执教了教师生涯中的第一节区级公开课。

回忆起"磨课"的经历,记忆中的点点滴滴再次涌上心头。"磨课"的过程其实就是一个破茧成蝶的过程。在确定主题为"滚翻"后,我查阅了许多有关"滚翻"的资料。在《课程标准》的指引下,我先初定了教学目标

及教学重难点。教案的初稿出来后，我第一时间将其呈现给组内的老师们，果然问题很多。于是，我们便开始"研磨"，在数次思维碰撞后，我们把课的内容、教学手段和教学方法梳理清晰。就这样，经过反反复复的商榷，我的第"N"稿教案终于"磨"出来了，于是，我便开始了试教之旅。

针对试教中出现的种种问题，组内的老师们再次聚在一起，帮我出谋划策、贡献智慧。区体育教研员倪老师也前来相助"磨课"，她建议在环节四——滚过呼啦圈的团身练习中，改用稍大些的呼拉圈，这样有助于学生更好地完成相应的动作、有效地达成教学目标。我结合大家的建议，重新对本次课进行了梳理。在做足了准备后，我进行了再一次的试教。有了前车之鉴后，这次试教我在各环节上、时间的掌控、课堂的激励方面都拿捏得恰到好处，顺利完成试教。我的课就这样在一次次的"磨"中度过，一路走来，一次次"磨课"，一次次反思，一次次收获。我在成长之路上不断地打磨着，奋斗着，成长着。

一个教师的成长，离不开实践反思和专业学习。我牢牢抓住公开课的契机，不断学习、不断反思，将公开课中学到的新思想、新理念、新方法，逐渐地融入到自己的课堂教学中，努力营造"动趣"的体育课堂，让学生发自内心地喜欢上体育课。比如，在课前做准备活动时，我会让学生在富有节奏感、节奏明快的音乐伴奏下做热身游戏，激发学生的学习兴趣；又如，在主教学环节中，我也会想方设法设计一些有趣的游戏环节，在游戏环节中融入本节课的知识，让学生在快乐的游戏活动过程中自然而然地达成本课的学习目标。

为了让自己成长得更踏实，我还积极参加学习培训，参与各个级别的体育专业技能比赛来提高自己。而充盈的理论知识和教学技能也让我变得越来越自信。认真上好每一节课，认真对待好每一个孩子，成了我现在最大的目标与努力的方向。我爱着孩子，孩子们也爱着我。每当我漫步在"育贤"的校园，听见小朋友们一声声稚嫩的"夏老师好"，我的心里就有一种温暖的感觉。课前或课下，我总喜欢和孩子们聊聊学习、聊聊爱好、聊聊理想和愿望，有时候我觉得我好像是他们的大哥哥似的。每当看到那一张张稚嫩脸上露出灿烂的笑容，我就被满满的幸福所包围！

一路成长一路歌，歌声中，有风，有雨，它们是成长的主旋律，它们见证了我的成长。作为见习教师的我站上三尺讲台的那一幕,仿佛还在昨天,五年来教学工作的点滴都牢牢印在我的心里,与前辈、与同事、与学生的每次倾心交流都历历在目。

回首来路,满怀感恩。感谢学校为我搭建成长的平台,感谢倪老师、陈老师在教学上给予我精准的指导,感谢教研组长张老师和同事们的帮助,让我的教育教学能力得到一步步的提升,让我在我所热爱的工作岗位上发光发热。幸福和成长伴随着我在"育贤"的每一天,我愿携手体育,和孩子们一起在绿茵场上自由挥洒汗水和青春,继续努力做一名快乐的小学体育教师!

(文/夏伟东)

修行之路长且乐

"要给学生一滴水,教师要有长流水",教师需要不断提高自己的各项能力,不停更新自己的教育理念,不时反思自己的教学行为。教师之路犹如修行之路,虽然道路漫长却也充满着收获、成长的喜悦!

一分耕耘,一分收获

为了加强青年教师的教学技能、提高青年教师的业务水平、促进青年教师快速成长,育贤小学每年都会举行"育贤杯"青年教师教学评比活动。

还记得第一次接触到"育贤杯"是在2017年的12月,那时候的我还是一个实习生,看着一堂堂精彩纷呈的课堂,我开始畅想,等我正式成为

一名教师,我会是一名怎么样的老师?我的课堂教学会是怎么样的?带着无限的憧憬,一年的时间一晃而过。

2018年12月,新一届"育贤杯"如期而至,彼时的我如愿成为了一名教师,身份也从观赛者转变为参赛者。

这次的规则有了改变,先参加现场备课、模拟课堂比赛,再从中选择部分老师进行课堂教学评比。备课的内容,是我当时正在执教的三年级的一课《两位数与两位数相乘》。按理说,拿到自己已经上过的内容应该得心应手才是,但是拿到这个课题的我却不免有些心虚。当时,在上这一节课的时候,我将侧重点放在了竖式的教学上,认为学生只要最后能掌握竖式计算的方法就可以了,因此对于如何从横式计算过渡到竖式计算,我三言两语就带过去了。备课时,我也只能不自信地将我的过程写上去。模拟课堂时,面对台下众多的老师进行无学生教学,本就不自信的我眼神飘忽,不敢看任何一个人的眼睛,只敢盯着空地快速地将自己准备的内容讲完,这一次的结果显而易见,我无缘参加课堂展示。

第一次的失利,开始让我反思,作为一名新教师对教材都还不熟悉,我真的做到每一节课有准备地去上了吗?曾经那个踌躇满志,想着成为教师以后要怎样备课,怎样上课的我真的做到了吗?每一次的反思、体会是否只停留在纸面上成为一纸空文……从那以后,我开始更积极认真地备好每一节课。

2019年12月,"育贤杯"再次来临,这一次我们备课的内容是三年级的《植树问题》。这一次的我信心满满,植树问题对于学生来说是一个难点,还记得为了上好这一节课我做了很多功课,从观看优秀课堂实录、查阅优秀教案完善自己的教学过程,到翻看各类教辅资料掌握相关题型,我做好了充足的准备。正因为有充分的认识,我完成教案一气呵成,有了充足的底气,加上吸收了上一次模拟课堂的经验,这一次的模拟课堂有了很大的进步。很快,结果出来了,我以三等奖的名次获得了参与课堂展示活动的机会。

一次磨砺,一份经验

新一轮的挑战开始了:一周的时间内要完成教案设计、试教,最后进行课堂展示。我选择了四年级《角的度量》一课,利用周末的时间,我设计了第一版教案,并发给我的师傅钟老师请她查看修改,钟老师的评价为教案比较中规中矩、缺乏新意。

如何让这节课有新意呢,有什么东西可以融入到"角"的教学呢?那天晚上,我开始了头脑风暴,我想到了各式各样的东西又一一排除,突然我的脑海中浮现出了纸扇,纸扇张开形成的图形不就是一个个角吗?两个纸扇拼接起来可以形成平角和周角,还解决了没有活动角如何更好展示平角和周角的问题,我马上将情节都转换成了折纸扇。

初稿形成后,我进行了第一次的试教,钟老师针对试教情况,对我的设计进行了修改,删掉了容易让学生混淆知识的地方,提出要让学生在课堂上动手折纸扇,在黑板上展示五类角时也通过描出纸扇边缘来呈现。加入纸扇教学过程、做好纸扇教具后,我又进行了试教,增加了动手环节后,学生的兴致都很高,教学过程也较流畅。又对一些细节进行修改后,我的最终教案定下了。

12月23日,正式课堂展示开始了。虽不是第一次进行课堂展示活动,但还是不免紧张担心,我反复播放课件确认没有任何问题,心里不停地回顾各个流程。紧张不安的心,在看到一个个端正的身影、一张张认真的脸庞时逐渐平静了下来,铃声响起,属于我的35分钟课堂开始了。这一次的课堂展示,我给忙里抽闲帮助指导我的老师们、给听话积极的孩子们、给认真准备的自己交了一份满意的答卷。

这一次"育贤杯"的经历,让我明白准确把握每一节课的课程目标是上好课的前提,新颖、符合学生认知水平的教学设计是上好课的灵魂,轻松平等的教学环节是上好课的要求。备好课、上好课是每一位教师必须的修行,在今后的教学中我也将继续努力,带着一颗不停学习的决心,带着一份心底澄澈的明媚,继续我的修行教师之旅!

(文/张悦)

在每一次学习中成长

时间飞逝,转眼已经入夏了。望向窗外郁郁葱葱的树,阵阵微风吹过,心中是无比的澄净。还记得四年前,我带着对教师职业的热爱,带着青春的朝气,带着对美好未来的憧憬,跨入了"育贤"的校园。漫步"育贤",映入眼帘的是排列整齐的教学楼、精美的校园环境、天真可爱的孩子们、年轻而富有活力的教师们……"育贤"校园,是如此充满生机与活力。也是从那时起,"为了实现每个孩子的美好心愿"便在我的心里生根发芽,成为我今后追求的理想。在"育贤"的这四年时光中,我在"育贤"善学善思的氛围中不断学习、慢慢成长。

成长,在每一次的学习中

回想起刚刚踏上工作岗位时,我是不安、底气不足或者可以说是手忙脚乱的。如何上好一堂课、如何与孩子们相处、如何解决教育教学中

的困惑,对我来说是一个个难题。

记得第一堂数学课,是《我们的教室》。课堂上学生们很会说,也很愿意说,但是教师不易把控课堂纪律,需要每隔一段时间停下来整顿一次,一节课上下来很累,也挺无奈的。带着这些问题,我观摩了带教师傅以及其他优秀教师的课堂。在带教师傅的指导与帮助下,我体会到了表扬的效果是优于批评的。表扬一些做得好的学生,往往比批评一些表现不好的学生更有效。比如,表扬小A同学课堂上始终能保持坐姿端正、认真听讲,小B同学很会认真倾听其他同学的回答,小C同学积极举手等。其他的学生马上会学习与效仿这些好的榜样。有的时候,学生并不是故意走神讲话等。毕竟孩子们年龄较小,需要通过教师的引导,他们才知道怎样做是对的、这样做的话会更好。被表扬的学生会做得更好,其他学生也会慢慢规范自身的行为。

激励表扬更能鼓励他们做得更好。对于他们来讲,这就是一个学习的过程。我应该减少、再减少批评。在洛克的《教育漫话》中,我知道了"因为儿童应该很少受到鞭笞的惩罚,所以我觉得斥责过多,尤其是盛怒呵斥,结果,差不多也是同样的不好"。

成长,在每一次的锻炼中

我知道,要想真正地上好一节课,必须有丰富的教育经验、熟练的教学技能以及创新的教学方式。这看似简单,但是要真正做到却很不容易。然而在"育贤"我却有很多学习、锻炼的机会,也有很多展示自我的平台。在"育贤杯""模拟课堂"等这样一次次的教学评比、研讨活动中,我不断反思、不断改进自身教学方法。我也积极参加各种培训,把每一次的学习机会当作一次次享受。在上学期,我们数学教研组迎来了合格教研组的验收,作为数学组成员之一,我也迎来了一次展示的机会。

为了确保合格教研组顺利验收,在教研组长乔老师以及工作室主持人钟老师的带领下,我们组每位成员经历了选课、磨课的过程。探讨教学设计,试教,相互提出修改意见,再试教,再修改,直至完美过关。我上的是《条形统计图》一课,在第一次试教中,对于学生观察统计图、收集资料、整理数据方面比较忽略,板书设计也不够清晰,大大小小的问题还真是不少。但是同组老师很耐心、细心地帮助我把课堂上这些问题一一罗列，并提出修改意见。尤其是钟老师，对每一环节的流程、每一句话应该怎么说、么时候应该出示板书、动画怎样出示比较好等，给了了详细的修改方法。随后的第二次试教，我的课堂教学进步了不少，课堂氛围更好了。通过组里老师的帮助和指导，在最后的听课展示中，这节课得到了专家老师的认可。

"研课""磨课"等一次次的锻炼、优秀带教师傅和同伴的互帮互助，督促着我不断进步、不断成熟。我的课堂教学在不断改进，我的专业能力也在慢慢提高。

四年时间虽然短暂，但在"育贤"我确实成长了许多，无论是教学水平还是班级管理水平，自己的能力和经验丰富了不少。在今后的工作中，我也会时刻保持着一种不断学习、求索的精神，坚定信念，心怀理想，使自己在数学教学这条漫漫长路继续成长。

（文/钟怡雯）

常记教育日记，自勉自励求进

在大学期间，指导老师就曾告诉我，往后每次上完课后记一篇教育日记，反思一节课的教学状态，时间久了拿出来再看，可以不断告诫自己避免犯相同的错误。因此，来到育贤小学这三年，我便有意识地记载教育日记。

这三年，似乎没有什么惊心动魄的故事，我和学生进行日常交流互动、与同事间合作研讨、为学校活动尽自己一份能力，这些都是我作为一名"育贤"教师应该做的。这里，我来摘录几则"日记"。

我的第一节数学课

2016年11月23日，下午第一节课是在三(1)班授的课《轴对称图形》，这是我来到育贤小学实习期间上的第一节数学课。

当时，作为实习生的我感到很紧张，我对自己缺少信心，也因此在上

课前忘了带学习单。当课上到一半我才突然惊醒,然而后续的授课节奏全都被打乱。我暗中对自己说:未来的宋老师,请一定要记住第一节课的这些错误,静下心来,做好一切准备,切记不可再犯。

整节课上,我说话的声音很响亮,自我感觉还不错。但毕竟是第一次授课,问题也很多,比如不顾学生反应、说话速度太慢、动手操作时学生比较兴奋、课堂气氛太过活跃、没有很好控班。

第一节课是有欠缺的,但要对自己有信心,毕竟这是我的第一节课,往后慢慢改掉不必要的错误,认真备课。

加油,我能行的!

我的第三节数学课

2017年3月27日,今天由于特殊情况,我临时上了一节模仿课,先听钟老师上二(3)班的数学课,再模仿着上二(1)班的数学课。而这节《三位数加减法》便是我上的第三节数学课,由于没有太多时间去准备,我很紧张。

一节课下来,模仿钟老师上课的环节时,在教学内容上基本没有什么问题。特地看了授课视频,暴露出来的问题还是比较多的。在选择进行判断的时候,我会抽举手的同学进行发言,而他们回答的结果都令人满意,课堂上我是相当满意的,但做练习时就不那么尽如人意了。我才发现这看似是一题选择,但只有两个小朋友参与了师生对话,其他的小朋友只能坐在位置上眨眼睛,作为教师根本无法了解学生的掌握情况。

再遇到这样的选择或是非题时,我完全可以让孩子们一起用手势表示他们的答案,对我来说,不仅可以及时了解孩子们的掌握情况,同时还能让每一个孩子参与到师生对话中来,便于教师发现问题并及时纠正。

这就是我在这节课上暴露的最大问题了,一定牢记这个问题,抓紧改掉。

我的第483节数学课

2019年10月11日,上午的第三节课《周长》是我的一节教研课,在经过充分准备后,这节课上得还不错。

工作第三年,我已经能够很好地站稳讲台,经过两年教学生涯的沉淀以后,我能基本了解四年级的孩子们在想些什么、他们的学习状态是怎么样的、什么样的情境能吸引他们……这节课课堂氛围很好,孩子们在上课过程中活泼但不松懈,举手积极,能很好地回答问题,在练习过程中也基本能将题目解决。

三年的教学历程,让我成为了一名合格的教师,但我不能自满,未来的路还很长,下一阶段的教学中我应力求教育创新,在站稳讲台后多思考、多积累经验,在稳扎稳打的基础上创新课堂,更上一层楼,未来我一定能更优秀!

这三年,我坚持写"教育日记",我热爱教育,就要用心去坚守,用爱去滋润,用笔去记录!希望经过努力,几十年后,回首自己的教育人生时,我能不留下遗憾,留下的将是讲不完的难忘的教育故事和孩子们对老师永远的思念。

(文/宋静怡)

走出去，感悟成长

总是听到校长把这样一句话挂在嘴边："有机会就要多走出去看看。"最初我把这句话理解为"读万卷书，不如行万里路"，渐渐地，我发现，在教育教学上，也要多走出去看看，才能把路走得更宽、更长。

初探"核心素养"，学习中摸索

记得那是来到"育贤"的第二年，学校有前往苏州参加两岸课堂观摩的机会，我有幸得到了这个机会。在苏州市虎丘中心小学校观摩学习的几节精品课堂和专家讲座中，我深刻地体会到了，在教学中关注学生数学核心素养，可以采取多种多样的措施。那一次的活动中，让我印象最深刻的是来自台湾地区的孙德兰老师的讲座《从教师布题谈数学核心素养》。

孙老师的讲座并没有长篇大论地谈论核心素养的概念，而是给在场

的老师们直接提供了一个教学实例,让现场的老师们从老师和学生的实例对话中,来挖掘出哪些部分体现了教师在培养学生数学核心素养上所做的努力。孙老师将一场讲座变成了一场实实在在的研讨会,与现场的各位老师进行研讨:实例中老师的这个问题是出于什么目的?这个问题和上一个问题有什么区别?看似相同的几个问题,对于学生来说在理解的难易程度上有什么不同?如果你来上这节课,你会选择哪个问题来提问?像这样一系列的问题,不断地被抛出,并由现场老师作出反馈,给出理由。来自各个省市的老师们都踊跃发言,帮助我们了解不同地区的教学和学生的"学情"。

这次的活动中,我感受到了,数学的核心素养其实是要学生能够用数学的视角去认识世界,用数学的方式去思考问题,从而用数学的方法来解决问题。教育家陶行知说过:"发现千千万,起点是一问。"因此,从教学上来说,培养学生的问题意识是教学重要的一环,当学生感到要问"是什么""为什么""怎么办"时,其主动性思维才真正得到激发和启动。

经过这次的学习之后,我回到学校,对小学数学核心素养的内容进行了更加深入的学习,了解了其具体的内容,并结合组内徐老师的科研课题,思考如何通过课堂活动的设计提升学生的问题意识,从而培养学生的创新能力。

深研"核心素养",实践中感悟

2019年8月,一则关于市"小学数学青年骨干学习班"的招生通知让我眼前一亮,尤其是其中两场关于"核心素养"和"核心问题教学法"的讲座安排,吸引了我的注意力。

这一年,我们数学学科开始正式研究如何将PBL与学科相结合,虽然之前学校邀请了专家老师对我们进行了统一的培训,但是关于在实际教学中应该如何运用,我还是一头雾水。尤其是PBL中提到的核心问题这一点,让我觉得难上加难。

当我看到这则通知时,我立刻向校长申请了学习机会,校长的应允让我得以在更高的平台上学习到了更多的东西。

在聆听了潘小明老师关于《用核心问题引领探究学习》的讲座后,我清楚地知道了,在进行教学设计时,要关注学生的认知特点,分析学生学习中可能存在的问题,在新旧知识的衔接处或原有知识的局限处设计核心问题。并且,设计的核心问题要能够激发起学生的学习兴趣,能够调动学生多种感官的参与,唤醒学生的潜能与创造力,驱动学生自主地去探究、去思考、去发现,揭示知识的本质。

于是,作为组内第一个"吃螃蟹的人",我在教研课上尝试用PBL的方式开展教学《圆的初步认识》。将"学校读书节的课本剧道具制作"作为真实问题情境,引导学生围绕核心问题"怎样画圆?"展开讨论,通过设计画圆工具、优化设计图、制作画圆工具、介绍工具使用方法、交流展示、自我评价等环节,让学生在活动中学习到隐含在问题背后的与圆有关的知识。

学生在核心问题的探究过程中,遇到难度过大的问题时,往往会产生挫败感,这不利于学生学习兴趣的培养,因此在探究的过程中,我们有时就需要围绕核心问题,结合学生的认知规律和知识形成的逻辑顺序,为学生搭建自主学习的平台,精心设计一组问题,通过一个个问题去指向知识的本质,从而揭示核心问题。让学生在解决这一具有挑战性的核心问题的过程中,经历一番探究过程,不断地尝试,去调整、完善自己的思路、方法,从而揭示知识的本质。

在这一次的实践中,孩子们通过制作工具、发现问题、共同探讨、解决问题等活动,感知圆形成的过程,不仅能学习到与圆有关的知识,同时也培养了小组合作的能力和学会倾听的意识;在不断完善设计的过程中,提升了自身的思维能力;展示交流时通过说说工具的使用方法和优势,提升了语言表达的能力。

作为一名数学教师,我希望能够不断地在走出去的过程中,吸收先进的理念与方法,并将其带回,让我的孩子们感受到数学的魅力。

(文/乔晨元)

研修齐聚力，且行且思共成长

在日复一日的忙碌中，把时光匆匆兑换成了一年又一年。2019年，在校长的信任下，我担任了一、二年级由12名教师组成的低段语文教研组组长，这是我教育教学生涯中一个全新的经历。在毫无经验的情况下，是学校领导和同事们给了我支持。教研组长的经历带给我成长，让我在专业发展上有了更多经验和思考。

小荷才露　齐聚研修之力

初次担任教研组长工作，有过忐忑，也有过迷茫，也一直为之努力。我们组由9位职初教师，3位成熟教师组成，其中3位是入职第一年的见习期教师，是一个非常年轻的团队，但他们是一群满怀热情、充满活力的

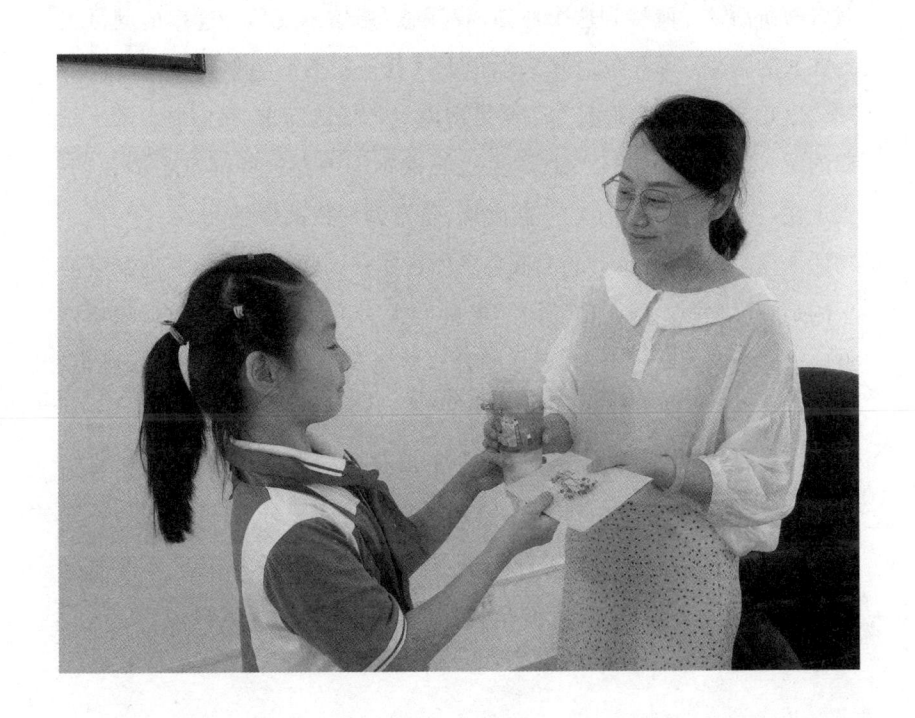

教育追梦人。该怎么让这些青年教师尽快站稳讲台？毋庸置疑，课堂实践一定是个展示自我和锻炼成长的机会。

开学第一周，我和组内教师们根据教研组的特点，量身定制了教研组的学期工作计划，制定了详尽的教研时间、教研内容，并创新了教研方式：教研活动从课堂教学入手，每周二组员们轮流上课、同组研讨、交流经验。每节教研课，组员们都倾心而为，认真撰写教案，精心制作课件，遇到问题和伙伴们反复推敲，寻求对策。校长也十分关心青年教师们的成长，每次教研活动，她都会百忙之中抽空参加，并给我们指出问题、把握方向、指点迷津。

我们在自己的那份责任田里默默耕耘，收获着丰收和喜悦。在一次一次的教学实践中，我们欣喜地看到了组内教师的进步和成长。他们的教学常规越来越规范，教学方法越来越多样……

别样教研　燃点智慧之光

给我留下最深印象的活动是2019年11月的河南出访团的教学交流活动，学校各教研组要在几天内准备好几节优质课进行教学展示并进行联合教研活动。刚接到这个通知，我深感"惴惴不安"，一连串的问号出现在我的脑海：哪几位老师来承担上课任务？教研组如何在短时间内"磨"出几节优质课？而且为了满足河南老师们的需求，我们要上第一学期的课，可现在是第二学期，学生也没课本……但这些都没难倒我们。到现在，我还记得我们组内一起磨课、备课到深夜的情景，大家一句话一句话地撰写教案，你负责ppt，我负责做板贴……几天高度紧张的准备换来的是满堂喝彩。河南出访团的老师们无不为4位上课的教师啧啧称赞。这其中有团队的力量，更多的是这些青年教师自身的拼劲，他们只有一个信念：把课上好，为"育贤"争光！

当然，活动的成功开展也离不开学校领导的支持与帮助，在教研组展示环节，因担心自己经验不足，遂恳请校长把关各环节的发言稿，本以为校长在繁忙中会顾不上这件小事，没想到的是校长拿着手写的修改稿，来到我的办公室，手把手地教我如何组织一场教研活动，那时，我的心是温热的，心中充满了感动与感激……

一路走来,我们忙碌着,收获着。几年来,学校的语文老师们用智慧演绎着教育的精彩,用拼搏书写着奉贤的美丽。在"育贤",我学到了优秀教师们的钻研精神,学到了青年教师们的肯干作风,相信在大家的努力下,"育贤"语文组一定会越来越出色!让我们同舟共济,齐力研修,带着希望和梦想,向着更高的目标一路前行!

(文/陈瑜)

第六章
遇见美好,建有活力的家园

在这里,教师们用智慧与毅力打造活力家园,用生命与挚爱营造"心愿教育"共同体。家长们参与孩子的活动,敞开心扉,与孩子平等对话;孩子们用童心体验,在家园中舞动活跃的思维,展望明亮的未来。在这个充满活力的家园里,我们遇见彼此,遇见美好……

校长心语

"家、校、社"三位一体,促进学生多元发展

西方谚语说:教育一个孩子,需要一座村庄。这与我国的"大教育"理念相一致,它突破了学校围墙的局限,只有学校、家庭、社会三者相结合,形成合力,才能更好促进孩子的身心健康发展。建校之初,学校就树立"大教育"理念,高度重视家庭教育及社会教育在孩子成长过程中的重要作用。我们不仅关注孩子教育的主渠道——学校,也关注孩子生长的土环境——家庭,还关注孩子活动的大环境——社会,坚持"家、校、社"携手,共建育人队伍,共享社会资源,共育"心愿少年"。

魅力家长进课堂,小讲台大视野。我们以学校成长"3X"校本德育课程之《职业启蒙—实践修行》为指导,邀请来自各行各业、具有职业特色的家长们走进校园,开设了一堂堂别开生面的"爸妈课堂"。魅力家长们有的带领孩子在课堂上学习防疫知识;有的让孩子化身"小小点心师",学做中华美食;还有的带领孩子们来到"乐耕园",体验种植的快乐。随着"爸妈课堂"的开设,学校也诞生了许多微型课程,如《我是小小烘焙师》《环保小卫士》《明明达达看世界》等,这些别具特色的课堂,不仅丰富了学校的课程资源,拓宽了学生的视野,为善学善思的"贤"少年成长提供了全新的营养剂,家长也由"看客"成了与老师携手前行的"同路人"。

快乐成长有妙招,小改变大收获。孩子成长路上,父母的陪伴是最好的礼物,为了更好地促进亲子沟通,使孩子健康、快乐成长,学校成立了"贤爸贤妈快乐成长营",通过"妈妈故事会""爸爸去哪儿""亲子摄影社"等,让妈妈们带着孩子走进绘本、打开阅读之窗;让爸爸们带着孩子攀岩远足、锤炼强健体魄;父母孩子背起相机按动快门、捕捉生活美好……一个个有益的亲子活动,增进了家长和孩子之间的情感交流,促进了孩子的身心健康,同时也激发了孩子的内在潜能,使孩子得到德、

智、体、美、劳全面发展。

"一日校长"来巡检，小任务大使命。为了使家、校沟通更灵动，我们建立了"一日校长"驻校巡检制。"一日校长"由家长委员会代表担任，巡检当天，从校门值日到校园巡视、从观摩早操到随堂听课、从师生谈心到交流反馈等，多维度、全方位了解教育教学动态，进行现状分析，为学校品质化办学建言献策。我们也明确了"一日校长"岗位职责，制定了值班制度、陪餐制度、谈心制度、督学制度等，不断赋能"一日校长"，使其全方位担负起学校管理的职责。通过家长陪餐，让学生吃得开心、家长放心；通过建言献策，让管理更加完善，保障安全；通过沟通协调，让矛盾得以化解，相互理解；通过活动参与，让家、校配合密切，协同发展。通过自身实践体验，寻找学校品质化教育的成效，同时也为学校的进一步发展提出中肯的建议。"一日校长"驻校巡检制深受家长们的喜爱，为学校更好地服务于学生成长、提升办学品质，提供了不竭的动力。

校外基地来实践，小天地大体验。我们积极挖掘社会资源，建立多个校外实践基地，如东方美谷、上海农科院、耕贤酒店、江氏园林等，为学生参与实践创造条件，不断将教育内容拓展、延伸，如参观高科技产业园区、感悟科技带来的创新，走进东方美谷、体验劳动创造美好等。丰富的实践活动让学生获得积极的体验与经验，从小树立服务他人、服务社会的劳动情怀。

教育是一个永恒的话题，我们愿与所有"育贤"家长，共同探索家庭教育工作的新思路、新载体和新办法，"情"为学生所系，"策"为学生所谋，为每一个孩子能够同时拥有良好的学校教育、家庭教育和社会资源奉献出汗水和智慧。"为了实现每一个孩子的美好心愿"，我们会一如既往努力营造"突破边界"的生态育人环境，用生命与挚爱营造"心愿教育"共同体，用智慧与毅力打造活力家园，家、校、社携手共育，遇见最美的教育。

（文/顾雪华）

育贤叙事

"育"见美好明天

一个心愿,是我们共同的起点;一力齐心,是我们践行的开始;一颗匠心,是我们坚守的初衷。每个来到"育贤"的孩子,都带着一个美好心愿。实现美好心愿,离不开家长、学校和孩子共同的努力。家校合作,让我们的教育更有意义。家校携手,让我们的孩子们在"育贤"的土壤中茁壮成长。

一个心愿,承载梦想起航

带着期盼,带着憧憬,走进"育贤"的校门,一张张灿烂的笑脸上洋溢

着幸福。心愿栏上谱写着一个个美好的心愿,心愿墙上绘制出一个个缤纷的童年。校园开放日,那是我们的第一次遇见。从心愿大厅走到小心愿电视台,从茶艺教室走到快乐博览园,衍纸生花、茶韵飘香、灵巧布艺让人看得目不暇接。丰富多彩的课程展示给家长与孩子们留下了深刻的印象。家长们都说,这样的活动让我们对"育贤"有了更加直观的认识,这里有优雅的校园环境、和谐的育人氛围。相信孩子们会在这样美好的校园里健康快乐地成长,在学习生活中获得充足的成就感和幸福感。

珍藏第一张在"育贤"的合照,纪念第一次在"育贤"的邂逅,在春暖花开的季节,我们的故事开始发生。

一力齐心,浇灌花朵芬芳

乘着花开的声音,乘着成长的春风,一点一滴在悄然滋长。为了让每个孩子都能在"育贤"的土壤中全面而有个性地发展,我们举办多姿多彩的活动,搭建平台,给予孩子充分展示自己的机会。每个活动,都有家长参与,让家长及时了解孩子在校的学习生活情况,不让家长错过孩子成长的每个瞬间。一年级学习准备期中,孩子入学一个月后,家长到学校来看看孩子上课时的样子,看看孩子在舞台上的表现,看看孩子进入"育贤"后的转变;二年级入队仪式,脱去绿领巾,戴上红领巾,褪去稚嫩,扬起风帆,向父母诉说成长的誓言;三年级十岁生日,标志着孩子从儿童走向少年,在意义非凡的集体生日,孩子们将亲手制作的感谢卡赠予父母,感受爱、感恩爱;四年级家长开放日,家长们走进教室,走近孩子,倾听孩子的心声,与学校零距离交流;五年级毕业典礼,家长们、老师们和孩子们齐聚温馨校园,凝聚记忆,定格回忆,见证实现美好心愿的时刻,圆梦美丽"育贤"。

在一次次的活动中,在一次次的沟通与交流中,我们的心日渐丰盈,我们的花朵日渐芬芳。

一颗匠心,点亮光芒四方

秉着一颗匠心,秉着一份坚持,点滴工作做在平时。作为班主任,有责任心,才能实抓实干,让家校工作不可或缺。有细心,才能及时发现孩子的点滴变化,让家校工作不拖沓。有耐心,才能在一点一滴中落实,让家校工作不延时。疫情期间,返校复课前夕召开线上家长会,向家长介绍学校的防疫措施和返校复课的注意事项,消除了家长的疑虑,让家长安心。每学期末的家访,走入学生家中,与家长进一步交流孩子在校的学习生活情况。平日里,主动与家长们保持联系,站在家长的角度考虑孩子的情况,将孩子的一些表现告知家长,共同商量对策,激励孩子更上一层楼,也利用电话家访、平时放学时与多位家长进行交流。

如同一丝丝微小的光点、一缕缕微弱的光芒汇聚一起,点亮了四方,点亮了心田。

家校携手,改变正在发生。转变了教育观念,通过家校合作的实施和渗透,家长们会抽出更多的时间陪伴孩子,参与孩子成长的每个瞬间。面对孩子,家长们更多的是选择用沟通的方式与孩子交流、聆听孩子的心声、尊重孩子的想法。与此同时,家长们提高了对孩子的关注度,更多地关注孩子的学习过程、心理素质和全方面的发展。提高了与学校的配合度,家长们经常会主动与老师联系,配合学校和老师完成教育孩子的工作,形成合力,形成共力,共促学生全面而有个性地发展。

五年时光,是一段旅程的句点,也是另一段旅程的起点。我们将探索更加有效的家校合作策略,稳步落实家校合作措施,构建和润教育,实施心愿教育,为实现孩子的美好心愿打下坚实的基础,"育"见美好的明天。

(文/方玮亭)

家校携手，共育"心愿少年"

他，身材瘦小，见到老师不爱搭理。

艳阳高照，知了声声，这是暑期中的最平常的一天，班主任和任课老师对班上一年级新生挨个上门家访。来到了他家，只见他双腿搁在茶几上，低头吃着白米饭，妈妈兴奋地告诉他："小学老师来看你啦！"可他却自顾自地低头吃饭，整个家访过程中表现出的不理睬、不配合，也预示着这个孩子在未来的学习生活中的特殊性。

开学后，当孩子们认真地在教室听课时，他时不时离开座位在教室走动，边走边碰碰女生头发，趴在地上摸摸男生的脚，偶尔能听课了，会因为老师不是每次都抽他回答问题而大叫……班主任意识到这个孩子的特殊源于父母家庭教育方式的缺失，与父母深谈多次后得知，孩子的现状源于老人宠溺、父母放任，不注重孩子到底需要什么，渐渐地，孩子性格扭曲，使得这孩子全无是非观念。

溺爱的本质，是忽视了孩子的成长需要。经过一段时间与家长的沟

通、交流，进行正确家庭教育方法的指导，家长们决定从小事做起，改变教育方式。爸爸不再当着他的面打游戏，妈妈会经常和他讲道理，爷爷奶奶也鼓励他先完成作业再玩，并且让他自己整理书包。经过学校和家庭的共同努力，他终于进步了……

其实，每一所学校都有"他"这样的学生，每一个"问题"学生的背后，必定有一个"问题家庭"。古人曰："勿以善小而不为，勿以恶小而为之。"做好育人工作，是学校和家庭的共同使命，办学五年来，我们注重家校携手共育，我们深知：只有学校和家庭紧密携手，润物无声，才能培养明事理、爱学习、乐运动、会审美、勤实践的"心愿少年"。

快乐成长营，亲子巧沟通

"贤爸贤妈快乐成长营"是我校家校协同育人中亲子积极沟通互动的快乐营地。妈妈故事会中，孩子们聆听妈妈们精心准备的绘本故事，通过故事中穿插的小游戏，身临其境地感受故事内容，深刻体会故事中的含义，懂得做人的道理。同时培养孩子的阅读兴趣，在阅读中增进彼此的感情，大量的阅读积累为终身学习之路奠定了扎实的基础！亲子摄影社里，通过对摄影基本概念、影史的了解和外出拍摄实践，学生通过镜头捕捉和发现身边的真善美，在学会构图技巧、提升审美品位的同时，感受大自然的美好、社会的温暖、人性的善良。爸爸去哪儿亲子社团，通过亲子徒步、亲子远足、亲子篮球赛、亲子足球赛等各种有益于亲子成长的活动，让孩子养成乐于运动的习惯、珍惜生命的价值、感受团结的力量。

父母在课堂，教育有方法

学校组织策划形式多样、寓教于乐的"家长学校"活动，依托校园开放日、接待日、重大纪念日、民族传统节日等家校开放平台，让家长走进学校，学习正确的家庭教育方法。

比如《相约在美丽的春天》《沟通从心开始，教育从爱出发》等家庭教育讲座，通过经验分享的形式，让家长深刻地意识到在孩子的成长过程中，应和孩子一起探索世界，激发孩子学习的内驱力；学会用爱陪伴，良性沟通交流，了解孩子内心需求，和孩子一起快乐成长。在《让我们带着梦想一起长大》《相约育贤，遇见最美的"你"》等主题的校园开放日活动中，邀请家长共同参与，通过课堂观摩、亲子互动、成果欣赏等丰富多彩的形式，让家长及时了解孩子的在校生活和学习状态，家校合力，促进孩子在原来的基础上更进一步。新冠疫情发生以后，探索网上家长学校授课方式，开展了主题为"有话好好说，让亲子沟通更有效""阳光心理，健康成长"等家庭教育指导活动，让家长学会正确看待孩子的学习成绩，明确如何帮助孩子减轻心理负担，多多倾听孩子的心声，陪伴孩子度过不平凡的时期。探索家长课堂新路径，举行主题为"心连心，手牵手，家校共育贤少年"微论坛、"及时感恩还是长大感恩"和"虎妈猫爸哪个更利于孩子成长"辩论赛、"家校共育心愿少年"知识竞赛等，家长代表们的现身说法、育儿思维火花的碰撞，让全校家长们明白了家校紧密配合的深远意义，了解在孩子成长教育过程中要把握分寸、虎妈和猫爸相结合才能教育出全面发展的孩子、感恩教育在于日常生活的点滴等。

新型的授课模式，不拘泥于框架，让家长们通过聆听和观摩，灵活掌握家庭教育知识、学习教育子女的新方法。正因为此，我校家校互动畅通无阻，家长育儿方法正确，培养出了一批又一批身心健康、积极乐观、自律自励的"心愿少年"。

志愿服务队，榜样促成长

我校有一批召之即来、来之能战、战之能胜的家长志愿者队伍。学校大型活动邀请家长志愿者协助，从"化妆师""引导员"到"舞台总监"无所不能，家长志愿者们服务到位，保障有力。

新冠肺炎疫情后的返校复课，打破了常规的入学模式。为了做到学生返校有序、快捷、安全，校家委会组建了一支乐于奉献、认真负责的家长志愿者"护校行动队"。他们每天7点来到学校，穿上"紫色小马甲"，精神饱满地站在各自点位，笑容满脸地迎接到校学生及家长，成为每天清晨校门口一道亮丽的风景线。"小朋友，不要跑，注意安全！""家长，请赶快把车开走吧！路上已经堵了哦！"一句句温馨的提醒似校园里的春风和阳光，让全校师生和家长感觉到温暖和踏实。

志愿者们严守纪律，遵守规范，以自己的实际行动，为全校学生做了榜样示范，为培养勤实践、会审美的"心愿少年"提供了源源不竭的精神营养和动力。

　　我们坚持从共建家校课堂、共建家校关系、共建家校观念出发，让家校彼此信赖、欣赏、共生。紧密携手，润物无声，良性的家校育人共同体，促使我们的学生在潜移默化中成长、进步。五年来，从育贤走出的学生自信、阳光、活泼、开朗，他们善学、善思、自律、自励，他们能自立、懂感恩、知礼仪、乐健身、爱阅读、会审美、善创新、勤实践……在"为了实现每一个孩子美好心愿"的育人之路上，我们潜心研究、不断前行。

（文/张菊英）

传承贤文化，培育贤少年

敬奉贤人、见贤思齐，对我们来说，既是文化传统，又是人文情怀。育贤小学，正是在全区学习"贤文化"热潮中诞生的一所新学校。学校以"养贤明之德，育贤达之人"为办学宗旨，以"培育贤人"为目标，故被取名为"育贤"。学校注重"贤文化"的传承，通过多样的课程设置、多彩的校园活动，让学生在"贤文化"的浸润下，践行核心价值观，塑造健康人格，培育核心素养。

我们在思考：学校"心愿教育"与"贤文化"是何关系？学校"六小心愿课程"如何融合"贤文化"？于是，我们进行了以"贤文化"为内核、把德育融入学校课程、构建自成一体的培养体系及教育规律的探索。

五育并举，培育心愿少年

我们以培育"心愿少年"为己任，厘定了"明事理，种心愿；爱学习，长

心愿;乐运动,强心愿;会审美,亮心愿;勤实践,圆心愿"的育人目标。

"心愿教育"实践体系,注重三个体现:体现贤文化教育,体现德育与课程、教育教学相融,体现学校育人目标。每个课程群都包含了基础型课程、拓展型课程和探究型课程。"六小心愿课程"在五育上都有所侧重,与其他课程相融合的同时,实现了五育并举、德育为先。"小贤人课程"主要侧重德育,"小文人课程""小科学家课程"主要侧重智育,"小艺术家课程"主要侧重美育,"小健将课程"主要侧重体育,"小当家课程"主要侧重劳动教育。

知行合一,凸显育人特色

近几年来,我们以《基于核心素养的成长"3X"校本德育课程开发与实施》课题为依托,以"小贤人课程群"为抓手,深入推进贤文化教育。成长"3X"取的是修身、修心、修行的第一个字母X。成长"3X"校本德育课程,其核心是"文明礼仪·行规修身"(自主发展)、"文韵书香·阅读修心"(文化基础)、"职业启蒙·实践修行"(社会参与)。在课程开发上,我们遵循儿童的心理特点,从"经典化、主题化、趣味化"出发,根据各学段的特点以及季节、节日等因素进行设计。现已开发了涵盖五个年级的校本教材,共有80个单元、240节课。

以"文韵书香·阅读修心"板块为例,我们将其分为三大部分推进:明明达达诵诵吟吟、明明达达走走看看(学校图书馆、新华书店、区图书馆、钟书阁、奉贤城市阅读联盟,主要以亲子形式开展)、明明达达演演赛赛(一诗一文一意境、古诗词考级等),使学生亲身参与、体验。成长"3X"校本德育课程,既兼顾了学生个性发展的需要,又结合了学校、家庭、社会的需要,标志着学校德育课程不但将家庭、社会有机地整合到学校德育课程中,而且更注重学、做、行的统一,这对贤文化教育走向深度化有着非常现实的借鉴意义。

创新载体,拓展教育空间

新的载体,开辟了新的教育途径。几年来,我们创新的教育载体有:

拓展教育基地。用好"尚贤皮影馆",通过说皮影、做皮影、演皮影来传承非遗文化。用好茶艺教室开展泡茶、品茶活动,学习中国的传统文化等。在一系列活动中对学生进行多元化培育,系列化开展贤文化教育。用好社会实践基地,为学生搭建广阔的成长舞台。如:伟星管业、耕贤酒楼、民旺苑居委等,使活动规范化、制度化、常态化。通过"家长进课堂""跟着爸妈去上班"等体验职业活动,拓宽学生"贤文化"教育的途径。

搭建成长舞台。本着"为了实现每一个孩子的美好心愿"的理念,学校为每个孩子搭建了成长的舞台即"校园八大节"(自立节、体育节、感恩节、读书节、礼仪节、科技节、艺术节、启职节),形成每月一节的特色,培养能自立、懂感恩、知礼仪、乐健身、爱阅读、会审美、善创新、勤实践的贤达少年!设立自立节时,主要从三个方面进行思考:全员参与、针对性强、家校联动。整个过程从制定方案、分年级技能训练、快乐实践单(家庭)、年级比赛到闭幕表彰等方面,家长、教师、学生都参与其中,不少家长都表示如果没有自立节的从教到学、从学到练、从练到比,也许学生无法很好地将良好习惯坚持下来。

规范评价制度。评选"光盘小达人",做到每日一评、一周反馈、一月评选,以榜样辐射作用,引导学生珍惜粮食、文明用餐。评选文明小贤人,根据行规薄弱点"一周一重点"进行训练,如:如厕文明、路队规范、文明用餐、课间休息,评选时重指导、抓常规、促养成。评选"五星班级",以榜样的力量激励学生全面发展,效果良好,一周一反馈、一月一表彰,学生的荣誉感在不断增强,学校日常活动不断向好的方向发展。

路虽远,行则将至;事虽难,做则必成。在"传承贤文化、培育贤少年"的道路上,我们将不断学习,将"贤文化"教育做得更好、更扎实。让"贤文化"根植于每一个育贤人的内心,流淌于每一个育贤人的血脉。

(文/陈立)

过别样"六一"

小时候，最期盼的日子除了生日就是"六一"儿童节了。儿童节这一天我最开心，因为学校会组织丰富多彩的"六一"节日活动，家长前一天会给孩子买上好多零食，第二天，孩子们就兴高采烈地互相分享着。而今年的"六一"儿童节有些特殊，疫情期间主张不聚集、不扎堆，狂欢的海洋不见了。于是，我们三年级组的老师们为孩子们举办了特殊的"云六一"活动，通过直播的方式让三年级的孩子们能够相约云端，一同在互联网上庆祝属于自己的节日。我想，属于他们的快乐不会打烊，美好的夏天又一次来临了，美丽的鲜花再次绽放了。

转眼间，我大学毕业后踏上工作岗位也近三年。在这三年中，我和三(1)班的孩子们共同度过了三个美好又充满意义的儿童节。翻看这几年和孩子们相处的照片，我的思绪回到了2018年的夏天。

那时，得知奉贤区区委书记庄木弟一行将在6月1日来到我校和"育

贤"学子共庆国际儿童节,我心里又是激动又是忐忑,作为刚入职一年的新教师,能有幸和孩子们、区委书记一起过"六一"儿童节,这是让我欣喜万分的。而作为班主任,该怎么设计有特色的儿童节却让我迷茫了。学校很快就推出了"'识'中华美食,过别样六一"的儿童节方案,结合中华美食,为学生提供施展本领的舞台,让学生体验生活、享受生活,在融洽、欢乐的氛围中体验到收获的快乐,促进学生劳动意识、自我服务能力的全面提高。

很快,我们明确了本次活动以班级为单位,每个班级占一个场馆,烹饪各类中华各省份和城市的美食。我和孩子们一起商量后,我班认领了福建馆,来到我们一(1)班福建馆,既能感受浪漫鼓浪屿,体验海边的温柔气息,也能领略南靖土楼的壮观,欣赏云水之谣的美景。定好了场馆名称后,我们开启了教室布置与材料制作的准备工作。

如何让其成为有特色的"福建馆"?在教室里如何布置呢?我们经过一番讨论,形成了初步的方案,便开展了分工合作:有的家长志愿者联系广告公司,设计福建土楼的画布背景;擅长手工的妈妈们利用家中的空瓶子,缠上毛线制作手工花瓶;有一位妈妈的手特别巧,制作鸡蛋壳镂空雕花,图案精美绝伦;有的小朋友拿出家中的摆件,为班级的布置增添了一份力。女孩子们美美地穿上草裙,跳起了时下最流行的海草舞,男孩子们围上了定制的福建馆围兜、戴上厨师帽,进行简单的烹饪。

轻快的音乐响起,热闹的儿童节正式拉开了序幕。在我们的盼望中,奉贤区区委书记庄木弟、区政协主席陈勇章、区人大常委会副主任汪黎明、区委办主任孙毅、区政协秘书长办公室、专委会办公室主任程晓峰、区教育局党委书记陆琴、南桥镇镇长张征、共青团奉贤区委书记朱丽雅等领导一行在相关人员的陪同下,来到了美丽的校园。

在少先队员敬献红领巾后,领导们与孩子们一起体验琳琅满目的中华美食。我们的孩子们也十分热情地向领导们介绍自己的美食馆,庄书记饶有兴致地与孩子们和家长志愿者交流,他表示,让孩子亲手制作中华美食、体验动手做的乐趣比品尝美食更有意义。

庄书记指出,青少年时期是树立远大理想、培养高尚情操、养成良好习惯的重要时期。要从小养成孩子们现代化、国际化的思维和眼光;要强化美育教育,不断提升孩子们的审美情趣、审美能力和审美水平。

如今的奉贤正处在"少年奉贤"向"青春奉贤"转变的过程中。学校，也应该成为红色基因的传承基地和摇篮。全社会都要关心少年儿童的健康成长，要办好每所学校，使学校成为青少年健康成长的摇篮，使学生们热爱家乡、热爱祖国、放眼世界，"好好学习，天天向上"，积极投身到中华民族伟大复兴梦之中！

　　而我们也致力于办好每一所家门口的学校，使其真正成为孩子们传承红色基因的基地、健康成长的摇篮和放飞伟大中国梦的阵地。

　　童心是一种浪漫，是你我对这个世界的浪漫情怀。愉快地度过人生的秘诀之一，就是不忘童心。六一节是儿童节，属于每个茁壮成长的宝贝，也属于你我这一颗颗未泯灭的童心。

（文/钱晓萌）

书香润童心，阅读伴成长

"我去上学校，天天不迟到。爱学习，爱劳动……"一阵朗朗的读书声从三(5)班的教室里传来，原来学生们又迎来了期盼已久的校园读书节。

高尔基先生曾说过："书籍是人类进步的阶梯。"阅读书籍既可以帮助孩子们丰富知识、开拓视野、陶冶情操，也可以给予孩子们独特的乐趣。

校园读书节中有形式多样的活动，包括"相约好书，牵手美文"读书交流、"走进经典，诵读美文"班班经典诵读赛等。在浓厚的校园读书氛围影响下，我们班也积极投身于相关活动中。

营造氛围，与书为友

为了更好地激发学生们的读书兴趣，我带领他们一起精心布置了教

室,充分利用有限的教室墙面空间,巧妙布局,开发出读书节特色板块。

瞧,学生们精心制作的一张张书签以及一幅幅读书海报都各具特色,它们的存在让教室的墙面成为了"会说话的墙"。这些作品每天都如春雨般无声地滋润着学生们的心灵,营造书香氛围,打造书香班级。

此外,我还利用每周四的午会时间开展读书交流分享会,会上由一位学生为全班讲述自己喜欢的故事,随后全班同学交流自己的所思所得。你听,大家的交流是如此激烈。"我喜欢故事中的孙悟空,因为他本领很大,会七十二变。""我喜欢故事中的唐僧,因为他在一路上经历各种困难、各种危险,但他却从不退缩,意志坚定。""我喜欢故事中的沙僧,因为……"

通过这项活动的举办,我发现班里的学生们对课外书都有了浓浓的兴趣,会利用课余时间捧着书津津有味地读着,还时不时和身边的同伴交流书里的情节。看来,在校园读书节的开展中,学生们发生了潜移默化的改变,变得喜欢沉浸在书香的世界里。

童心筑梦,炫我风采

此次校园读书节为了不拘泥于阅读的形式、彰显"育贤"学子的风采,特意开展了班班"一诗一文一意境"课本剧的比赛。当得知这个消息后,全班同学沸腾了!他们激烈地讨论着有关课本剧的各种问题,如:我们该选择哪篇课文演?谁来担任课文里的角色?等等。在综合考虑剧情以及相关的人员配置后,大家一致选定了《棉花姑娘》这篇充满童趣童真的课文为剧本。

课后,有些同学更是积极踊跃地向我报名,令我没想到的是,一向上课不愿主动举手发言的小A同学也来向我报名,看来这项活动也勾起了他的兴致。我鼓励他给自己多一点自信,勇敢地向大家展示自己。随后,我把有兴趣的同学聚在一起,给他们安排角色,大家都自告奋勇地说:"我要当啄木鸟,我要当老农,我要当棉花姑娘……"在大家的积极配合下,我很快敲定了每一个角色的扮演者。

开始排练了!大多数同学能把握好自己所扮演的角色,台词念得十分流利,演得惟妙惟肖。唯独小A同学排着排着,撅起了小嘴,皱着眉头说:"老师,我演得不好,一点也不像只青蛙,怎么办呢?"此时,我走到他身边安慰道:"没事,我们一起来帮你想想该怎么演好这个角色,别怕。"身边的同学也在旁边出谋划策,不停地为他加油鼓劲。

就这样,在大家的帮助下,小A同学演得越来越好,像一只青蛙一样蹦蹦跳跳地上台,时不时鼓着自己的腮帮。看着他越来越自信地演好这个角色,我不由地为他竖起了大拇指。

时间过得真快,到了该上台演出的时间了。伴随音乐声,棉花姑娘们舞动着自己的身躯,为我们班的课本剧表演拉开了序幕。

轮到小A同学上场了,我既紧张又激动,深怕小A同学怯场、忘记台词。没想到,小A同学在表演的时候,竟能一字不差地讲出自己的台词,演得十分自然、大方!我可真为他自豪。

本次的课本剧表演,为学生们搭建了一个展示自我的平台,尤其对小A同学来说,更是一次难得的锻炼机会,使孩子们能够勇于挑战、突破自我!

家校携手,助力成长

父母是孩子的第一任教师,家庭对孩子的身心成长有着至关重要的影响。因此,为了培养孩子们良好的读书习惯,学校携手家长积极开展了"明明达达走走看看"实践活动,将读书活动从学校向家庭、向社会延伸,使家长与孩子一起加入到爱读书、读好书的行动中来,形成一种良好的家庭读书氛围。

此项活动得到了我们班家长的积极支持与配合。有些家长利用周末带着孩子来到了奉贤区少儿图书馆,让孩子自己挑选感兴趣的课外书,陪着他一起阅读,共同遨游于书的海洋。有些家长则选择为孩子精心挑选睡前课外书,在家耐心解答孩子的疑问,大大地拉近了亲子间的距离。这项读书节活动既养成了孩子喜欢读书的好习惯,又增进了孩子、家长和老师之间的沟通和交流,让孩子在书香的浸润下快乐成长。

读书节虽已落幕了,但这些丰富多彩的校园活动,似一把把火炬点燃了学生们对读书的渴望,让读书成为一种习惯。愿他们都能以书为伴,让书香溢满校园,为实现自己美好的心愿奋勇前行!

(文/季梦芸)

农趣在校园里发生

如果要用一种颜色来形容秋天，那一定是"金色"；如果要用一个成语来形容秋天，那一定是"果实累累"。秋天对农民来说意味着丰收的喜悦，对学生来说则意味着新学年的开始。

在每一个秋季开学的日子，育贤小学的少先队员们都会守候在校门口，将装着花草、蔬菜种子的心愿瓶，作为新学期的礼物赠送给每一位踏进校门的小伙伴，鼓励大家用勤劳和爱心浇灌种子、在享受丰收的同时收获一份爱心和耐心。"我的是鲜花种子还是蔬菜种子呢？不知道它多久能发芽……"怀揣着这样的期待，孩子们亲手将种子埋在土里，浇灌上第一捧水。在那之后，"育贤"学子们每天回到家的第一件事就是看看自己的心愿种子有没有发芽。对植物的好奇、对耕种的想象，也像一颗颗小小种子在孩子们心中发了芽。

10月25日下午，育贤小学举行了以"农耕体验快乐　劳动创造美好"为主题的"乐耕园"启动仪式，从此以后，孩子们在校园里最爱去的地

方,除了图书馆、操场,又多了一方方属于自己班级的小菜园。从此以后,不用去农场,也不下田间,在学校里孩子们就能体验耕种与收获的乐趣。"我跟你们说啊,我见过我奶奶种地,一点都不难,可有意思了!"有了自己的"责任田",耕作就不是过家家啦!镰刀、锄头、铁耙……当一件件农耕工具摆在孩子们面前的时候,他们"小小的脑袋里充满了大大的疑惑",城市里长大的孩子们哪用过这些!他们认真听、仔细学,了解了使用工具的方法、注意事项,聆听了与农耕文化相关的传说故事。

"光说不练假把式",大家特意选了个阳光灿烂的日子,带上工具出发了。

孩子们不怕热吗?当然怕呀,但对他们来说,没有什么比农作物的健康生长更重要了,把土翻好,让土晒晒太阳,蔬菜才长得好呢!之前那个忐忑地带着心愿种子回家栽培的少年,俨然已经是个小专家了,为了能带领同学们成功完成第一次的播种,他可是在家下了大工夫,在笔记本上满满当当地记了不少"种植小诀窍"呢。

"大家听我说,我们要先把土翻松,如果看到大土块,一定要敲碎它。把翻好的土稍微铺平,但一定不要用脚踩哦。然后把种子均匀地撒在土壤上,分散点撒,不要太密,撒好种子后用耙子轻轻拨点土盖在种子上,最后多浇点水。记住了吗?"

"记住了!""那我们开始翻土吧!"走好了这扎实的第一步,各班的组长们还不忘给组员们分配任务、制定值班表。"快放学了,你俩去哪儿啊?""老师,我们去农耕园看看,放学前一定回来。""哎呀我差点忘了,你先去吧,我去灌桶水。""我陪你一起去,你一个人拎不动。"

也不知道到底是哪一天,种下的蔬菜们都出苗了。一节体育课上,有几个围在小菜园周围的学生突然激动地大喊:"发芽啦!发芽啦!你们快来看呀,我们的蔬菜发芽啦!"看到自己种下的蔬菜种子真的出苗了,学生们的积极性就更高了,他们用画笔描绘出农作物的样子,记录下各个阶段的生长变化。为了让蔬菜长得更好,他们请教自然老师,遇上老师答不上来的问题,他们还会主动查阅资料,和小伙伴们分享。孩子们对植物的好奇,对耕种的想象,随着辛勤的劳动逐渐开花、结果。

"老师,这些菜最后怎么分呢?""你们一起商量决定吧!"于是,怀抱着一棵棵青菜的孩子们出现在了保安室,他们把菜送给保安叔叔阿姨,感谢他们日夜坚守、守护校园安全;孩子们出现在了食堂,把菜送给食堂叔叔阿姨,感谢他们烹饪美味、制作营养午餐;孩子们出现在了清晨的路边,把菜送给环卫工人,感谢他们辛勤劳动、创造美丽环境……在"农耕园"里,孩子们感受到了同伴合作的力量,学到了很多课外知识,还在劳作中收获了丰收的喜悦,并把这份喜悦分享给了身边的人。

又是一年秋天,让我们一起去育贤小学的"乐耕园",看看孩子们又在为什么而忙碌吧!

(文/潘姿屹)

家校共育，为爱同行

你发现了吗？孩子们眼中的世界是多么奇妙：春能踏青，夏能听涛，秋能藏果，冬能赏雪。天地大课堂，俯拾皆教材，"育贤"学子们所应该掌握的绝不仅仅是课本知识。由此，育贤小学"贤爸贤妈快乐成长营"诞生了。

在老师们多方位的配合下，由贤爸贤妈们挑起大梁，多方位地展示自己所擅长的一面。无论是贤爸贤妈的专业知识还是生活经验，都能成为丰富孩子视野的珍贵文化课程。"爸爸去哪儿"营地里有活力四射的亲子竞技赛，更有亲近自然的徒步踏青活动。"亲子摄影社"让更多爱好摄影的孩子能够拿起相机记录生活中的美好。"妈妈故事会"中贤妈们精心挑选故事，通过小游戏的方式让孩子们能理解故事含义、获得深刻启示。

定格童年留美景　　做孩子的启蒙者

2019年3月，春天在人们的期盼中又如期而至，大自然中的一切都

充满了美好和神秘。嫩绿的新芽、含苞的花朵、蓬勃的小生命以及人们迎接春天的那份激动与喜悦,都深深地感染着孩子。为了让孩子们更好地了解春天,亲近自然,去发现、欣赏、记录自己对周围世界的美好感受,亲子摄影社决定组织一场"庄行菜花节"摄影活动,让家长放下繁忙的工作,陪伴孩子走进大自然,用镜头捕捉生活中的美好瞬间,一起寻找春的足迹。

出发前,陈祥老师对摄影的基本理念及影史进行讲解,指导孩子们如何正确使用相机中的各项功能,让大小朋友了解基本摄影知识。随后,小摄影师们在父母的带领下走进油菜花田,不停地"咔嚓、咔嚓",记录着油菜花的婀娜多姿。庄行土布、糖画、捏面人、剪影等民间手工艺都被记录在镜头里,孩子们也近距离感受到非物质文化遗产的魅力。

"美是到处都有的,对于我们的眼睛,缺少的不是美而是发现。"虽然亲子摄影活动时光短暂,但孩子们都用镜头找到了他们眼中的春天,享受到了亲子活动的温馨与快乐。

陪伴成长促互动　　做孩子的启慧者

陪伴是父母与孩子间最亲密的互动,是父母给予孩子的最珍贵礼物。

2018年12月,"爸爸去哪儿"社团在学校体育馆开展了亲子运动会。从策划到组织招募,一切都有序进行。亲子运动项目丰富多彩,比赛一项接一项:负重支撑、赶小猪、亲子平板支撑……体育馆里欢笑声、呐喊声此起彼伏,爸爸妈妈们和孩子携手合作,用心投入,配合默契。

2019年3月,"爸爸去哪儿"社团策划了一场踏青活动,让学生和家长亲密接触大自然、欣赏春天美景,既拓宽学生视野,又能感受春天的气息。途中,家长们向孩子介绍了"庄行菜花节"的由来、本地民俗风情,一路上教育孩子爱护公物、保护环境和绿化,在领略美丽春光的同时,创造了轻松自由的亲子氛围。

奇妙世界任遨游　　做孩子的启智者

入学伊始,孩子们识字量有限,贪玩的心还在,如何在孩子的心中播下读书的种子？怎么开启孩子最佳的阅读实践？不如成立一个故事会吧！就这样，"妈妈故事会"开启了亲子阅读之路。

圣诞节前夕，一次妙趣横生的"妈妈故事会"活动中，家长就带孩子们去了动物世界，让孩子们知道了什么是圣诞节、故事里的圣诞节是怎么过的。原来，"过圣诞节不仅仅是为了收到一份礼物，重要的是分享快乐，送去祝福"。通过一个小小故事的互动，陪伴听故事的贤爸贤妈们了解了自己孩子的愿望。两天后，大家过了一个不一样的圣诞节。

培养孩子的阅读能力，需要大人牵着孩子的手不断前行，有了"妈妈故事会"的滋养，孩子们对文字的敏感度、表达的完整性都比以前有了进步。有了家长们的支持，孩子就会爱上阅读，爱上故事，与书中的主人公同喜忧，这是何等的惬意呀！

亲子活动是孩子快乐童年的重要组成部分。教育作家尹建莉说："仅有血缘是不够的，父母和孩子之间的感情，必须要有相处时间的长度和频次。"我的父母，是你们牵着我，带我感受温暖的力量；是你们搂着我，带我发现生命的奇迹；是你们永远鼓励我，让我学会爱上这个世界。

家校合作引领下的多样化社团活动让孩子们从小小的课堂走出来，让孩子们用不同的视角感受和体会学校课程之外的有趣、新鲜事物和内容。社团活动增加孩子们的见识，拓展他们的知识面，激发他们更多地汲取"营养"、在知识的海洋徜徉。家庭与学校，各自并非孤岛，愿"贤爸贤妈成长营"活动，能够紧密家校联系，促进家校合作。为了共同目标——孩子的健康成长，我们永远在探究的路上。

（文/陈一枫）

梦想从"育贤"起航

含苞的花朵,有了阳光的照耀和雨露的滋养,绚烂绽放;美好的童年,伴随家长的期待和学校的关怀,多姿多彩。少年强则国强,少年进步则国进步。让每一位少年儿童茁壮成长、精彩绽放,是每一个"育贤人"共同的心愿。

2016年6月,第一次踏入"育贤"校门,"为实现每个孩子的美好心愿"这几个大字进入眼帘,深深地吸引了我。我驻足在前,心想这所学校秉持以人为本、从学生出发的办学理念,必定会是所优秀的学校。一路欣赏着精致独特的校园文化,感受着"心愿文化"带给我的冲击,我来到了校长办公室。顾校长亲切地接见了我,如家人般地跟我聊天。她告知我,新学期开始我将担任一年级组的年级组长以及英语老师,从此开启了我与一年级宝贝们的故事……

"家访"，是一个有温度的词语，它传递着师生间的爱与信任。老师们叩开的看似是一扇扇家门，连接的却是家校之间的心桥。

记得那是七月的夏天，烈日炎炎，酷热难耐，我与一年级组的老师们对即将入学的孩子们逐一进行了家访。我们穿梭在各个小区和大街小巷中，以饱满的精神奔赴与家长、孩子们的"约会"。每到一位学生家中，我们就先把自己编写的《一年级入学课程》送给孩子们。孩子们激动地用双手接过，迫不及待地把它翻开，想要以最快的速度了解即将到来的小学生活。在家访的过程中，我们与学生和家长倾心交谈，详细询问了孩子的基本信息，从生活习惯、兴趣爱好、性格特点、日常表现等方面入手了解孩子们，并做了细致的记录，为之后的教学做更好的准备。学生们表现得也非常热情，有的主动向老师展示自己的才艺特长，有的兴致勃勃地拿出乐器弹奏一曲、秀一段才艺，有的直接邀请老师们到书房参观，给老师们看自己所获得过的奖杯和证书，还有的给老师欣赏自己的艺术作品。稚嫩、热情、好奇、求知，是我对他们的最初印象。

七月的家访活动过后，随之而来的是八月的一年级新生入学体验活动。

那天，一年级新生牵着爸爸妈妈的手、背着崭新的小书包，高高兴兴地走进育贤小学的校门。对于刚刚踏入校园的孩子来说，这里的一切都是那么新鲜，"飞翔"雕塑、玉兰大道、明亮的心愿大厅、宽敞的中厅亭台都令他们兴奋不已。他们都说，育贤小学好美，好想在这里学习生活。那天，学生们在我们的讲解下知道了许多的日常行为规范，如进入校门懂礼仪、上课认真守规矩、排队如厕讲卫生、见到老师问声好……随后，在我们的带领下，孩子们排着整齐统一的队伍，沿着校园长廊依次参观了教学楼、演艺中心、乐高天地、快乐博览园……短短半天的时间，这样全新的学习生活环境，对于一年级新生来说既陌生又新奇。但那天起，他们感受了即将到来的小学生活，逐渐适应了从一名幼儿园学生到小学生的身份转变，种下小心愿，梦想从这里起航。

九月是一个丰收的季节，又是快乐的时节。

一个月的在校学习生活，带给孩子们的会是怎样的成长变化？答案就在"一年级学习准备期成果展示活动"中。全体一年级学生家长步入校园，走进教室，走近孩子，共同参与孩子的校园生活，见证孩子的成长。

课堂上,学生们专心听讲、积极举手发言,时时迸射出智慧的火花。家长们认真聆听,真切地感受着孩子们在课堂上的灵动和自信,脸上扬起了欣慰的笑容。演艺中心内,精彩的活动、漂亮的服装、优美的歌声、铿锵的步伐、自信的笑容、孩子们精彩的展示赢得家长们的阵阵掌声。一年级新生在短短一个月中的成长,令我们欣慰。他们主动、自信、活泼、大方,为了心中的小小心愿,不断去努力、去奋斗。

  一年级的新生入学各项活动,虽然仅持续短短的一个多月,但孩子们在我们老师的带领下,快速地适应了小学生活的节奏,实现了从幼儿园到小学生活的无缝衔接。

  学校在每个孩子的心中埋下了心愿的种子,让孩子们与心愿一起成长。我们的故事还在继续,我们的心愿还在慢慢实现……

(文/顾丽娜)

"许"美好心愿,"植"绿色希望

冬天的寒意还未褪尽,春雨踏着嘀嗒的步伐向我们走来。三月,草长莺飞,春暖花开,正是给大地添绿的时候,每到植树节之际,我们总能看到一个个小小的背影,拿着铁锹,带着树苗,活跃在育贤小学的种植基地——心愿林。

2016年3月7日下午,育贤小学全校师生和家长期待已久的"心愿林"启动仪式如期举行。25组家庭代表准时到达位于南桥镇江海路的江氏园林育贤小学"心愿林"种植基地。江氏园林是一家集园林景观设计、建筑规划设计等为一体的综合型企业。走进园内,一排排铁锹整齐地矗立在田地中央,像是在欢迎主人们的到来。当学生和家长悉知活动流程及种植小树所蕴含的深刻意义后,孩子们挑选了喜爱的树种,选择了一块适合的土地,和爸爸妈妈一起将小树苗种下。顿时,"心愿林"热闹开了,老师、家长、学生齐动手,挖坑、种树、浇水……一眨眼工夫,一株株小苗迎风招展,像是一个个可爱的孩子排着整齐的队伍,接受成长的洗礼。

孩子们在亲手栽种的小树前写下自己的姓名,默默地许下心愿。二十五棵娇小可爱的红豆杉、红枫和一棵高大挺拔的广玉兰——寓意希望和成长的校花,形成鲜明的对比。红豆杉、红枫犹如育贤小学的孩子们,心怀理想,蓄势待发;广玉兰则犹如育贤小学的校园,拥有坚强的臂膀,托起每个孩子美好的心愿。

育贤小学"心愿林"启动活动后,学校将"心愿林"作为我们的科普教育基地,让学生将心中的梦想与小树一起种下,学生在与小树一起"长高"的过程中,为自己的梦想奋斗,努力把自己塑造成为新时代的小贤人。

学校为了让孩子们更好地了解植树节的意义,会开展一系列不同的活动,如:主题升旗仪式、"绿色心愿,用心呵护"小队活动、"护绿、爱绿"主题班会等。各中队都会积极参加学校组织的植树活动,每队派代表种一棵小树,为我们的家园增添一抹绿色。队员们三五成群,挖树洞、拿树苗、添土、浇水,忙得不亦乐乎,孩子们认真种树的模样越发显得可爱。他们在心里种下一棵愿望树,许一个心愿,希望小树快快长大,长成大树,美化家园,共同保护环境。

在江氏园林育贤小学"心愿林"种植基地,一如既往地,学校每年都会携手家长开展亲子种植活动。还记得2018年3月12日,阳光明媚,一派春天的美丽风光。江氏园林体验中心里一片欢声笑语,二十余名育贤小学的小朋友与家长一起来到这里,参加江氏园林和育贤小学共同举办的亲子植树活动。活动现场,家长们纷纷拿起铁锹,为孩子们提前挖好坑。孩子们小心翼翼地保护着小树苗,将它轻轻地放进坑中,家长则加土、垒土,然后孩子们用水勺给小树苗浇水,整个过程十分专注。孩子们还和小树相约:"我们会经常来照顾你,我们一起成长……"一句句简单的话语,一张张天真的脸庞,是多么可爱啊!孩子们把包含着美好愿望的"心愿卡"挂在小树上,送上他们对小树的爱护和祝福。经过大家的努力,新栽种的小树苗在"心愿林"种植基地构成了一道赏心悦目的风景线。汗水虽然湿润了大家的衣裳,但每个人脸上却挂着灿烂的笑容,因为大家知道,自己种下去的不仅仅是一棵棵树苗,更是绿色的希望。

那次的亲子植树活动,给家长及子女营造了一段难得的、与众不同的亲子时光。孩子们尽情地享受童年的乐趣,家长在陪伴孩子的过程中,也找到了久违的童年记忆,更唤醒了大家的环保意识。

"十年树木,百年树人。"家长和孩子们种下的不仅仅是一株株植物,更是一份份幸福与希望。植树活动不仅让家长找到了童年的感觉,在陪伴孩子的过程中,也拉近了亲子间的距离。一位家长在活动结束后激动地说:"更重要的是通过这个活动,孩子和我们家长都明白了保护环境的重要性。"

育贤小学"3·12植树节"系列活动,不仅为春光明媚的三月增添了一抹盎然的绿意,更是种下了大家绿色的春之希望。作为一名公民,我们有责任也有义务,为我们和谐而美好的家园努力。通过每一次活动,大家都深刻理解了"一人一棵树,人人一片森林"的美好理念。

在江氏园林"心愿林"种植基地,学校每年都会让孩子们感受亲子种植体验活动、"绿色小课堂"植物挂牌活动,让孩子们了解植物的相关知识,认识校园内植物的名称种类。2019年3月12日,学校还特意邀请了西渡学校蔡春欢老师给小朋友们普及绿化知识,蔡老师还带来了《绿色生命》校本课程让小朋友们学习。蔡老师来到我们美丽的校园,教孩子们如何辨别植物,并给植物挂牌。

"绿水青山就是金山银山",育贤小学开展"心愿林"活动,目的是让学生通过亲手种植、浇灌小树,进一步宣传爱绿、护绿的意义,从而树立环保意识,为美化、净化贤城环境尽一份力。同时也在孩子们心里埋下一颗绿色的种子,让其和小树苗一同茁壮成长。

种一棵小树,许一个心愿,绿一方净土。作为教师,我们要像种植和浇灌花草树木一样浇灌和锤炼自己,既要教好学生课本中的知识,又要把日常所积累的知识养分融入并奉献到社会实践当中,在学会种树的同时学会做人。在不断优化自己的同时,正确处理好同社会与自然的关系,既懂得回报社会,又懂得回归自然。我们更有义务从小培养学生的环保意识,提供更多的社会责任和劳动教育。

种子梦,校园梦,只有努力坚持希望,浇灌梦想,才能收获绿色、灿烂的明天!

(文/卫慧)

职业体验，遇见未来的自己

　　学生的生活不止眼前的学习与无尽的作业，还有诗和远方。职业体验，无疑是"诗和远方"之一。学生们走进一个场所、体验一个项目、了解一门职业、感受一种文化，已成为了当今中小学假期里的一股热潮。这一场场的职业体验活动，旨在引导孩子们用眼睛去观察、用心灵去体验、用智慧去感悟，使他们在职业体验中不断成长。

　　早在2019年的寒假，我所工作的耕贤酒楼就迎来了这样一批特殊的客人——一群来自我女儿班级的孩子。在这之前，班主任汤老师联系我，提出想借用酒楼的场地和食材，带着孩子们体验手工劳作，体悟劳动带来的乐趣。我想，这不仅仅是一场有趣的小队活动、一次有意思的手工制作，更是一份有意义的职业体验。那么怎么安排才能让这次活动更有教育意义呢？

　　我想职业体验应着力去探寻和实现的，是让孩子们认识斑斓的职业世界、形成合理的职业观念，提高学生对自我的认知，使其具有初步的生

涯规划意识。从学生对某一特定职业的接受和认同来看,对职业的价值理解,是学生生涯规划的前提和基础。

活动开始,我便带领着孩子们参观了酒店的各个岗位工作间,并详细介绍了每个岗位的工作流程及要求。参观过程中,餐厅服务员娴熟的摆台和对餐具的收拾清洗、客房服务员专业的房务操作、后厨大师精湛的烹饪技艺吸引了同学们的眼球,也激发了他们对酒店工作的向往。同学们纷纷表示:"之前以为服务员的工作蛮简单,现在知道了其中原来还有这么多的学问和技能!"

岗位体验环节,耕贤酒楼安排了点心师傅带领同学们制作饺子、汤圆,同学们围上围裙,带上厨师帽,个个神采奕奕。大厨先做了详细示范,然后逐一手把手教授,同学们认真地尝试操作。这些看似简单的步骤,刚开始同学们做起来却没那么顺手——要不就是饼皮合不紧,要不就是馅露出来了,或者是大小很不均匀。家长上手比较快,学会后便耐心地指导孩子,在大家的齐心协力下,同学们慢慢掌握了要领,做成的一个个点心凝聚着大家对行业岗位的热爱,最后大家开心地品尝着自己的劳动成果。

从职业认知到职业期待,其中不可或缺的媒介是职业情感,在活动中我也利用了仪式感极强的职业宣誓激发学生的职业成就感、唤醒学生内心深处的情感体验,把学生对职业的期待推向高潮。学生在宣读誓词的同时,思考誓词内容,追寻职业道德,树立职业精神,对职业产生敬畏和向往。这种积极向上的职业情感,将帮助学生树立正确的职业观念、推动学生的持续发展。

一上午的职业体验活动结束了,孩子们个个觉得意犹未尽。女儿参加这次活动后,也不禁感慨道:"妈妈,每个职业都有每个职业的辛苦。每个人的生活都不容易,挣钱太难了!我要节约用钱,更要努力学习,争取将来通过努力为自己创造幸福、美好的生活。"这些话虽然不是什么大道理,但却很实际,我点头笑了。这次职业体验活动,不仅增进了孩子和亲人的联系,更让我看到了一个全新的孩子,可谓一举两得。

别人说上千遍万遍,也抵不上自己亲自做一遍。通过职业体验,孩子们很受触动,他们把自己的亲身经历、了解到的父母为生活奔波劳碌的艰辛,全部记录在了自己的人生日记里。从职业体验中获得的情感是最朴素、最真挚,也是最难忘的。在整个体验中,没有苦口婆心的说教,也没有疾言厉色的训斥,却让"小皇帝""小公主"们从内心到行为悄然发生着变化——他们的身上少了些娇气,多了份责任,少了些霸道,多了份理解。"让孩子自己走路吧!"家长不要因怀疑孩子的能力而事事代劳了。

虽然职业角色体验活动中会有坎坷和困难,但是也要为孩子创设锻炼的机会和条件,因为他们总是要在职业体验中学会长大。

(文/李玉花)

后 记

　　经过数月的素材收集、文稿撰写和编辑加工,《为了每一个孩子的美好心愿》今日终于成书了。淡淡的书香、窗外沁人心脾的桂香,让我们的思绪延伸得很远很远……

　　本书的编写正值育贤小学建校五周年之际。五年来,从校名确立到理念明晰,从愿景描绘到规划引领,从孩子心愿到教师理想,从课堂内外到校园内外,"育贤人"留下串串成长印记,走过平淡而充实的日子,也收获着累累果实。

　　人们常说:"热爱可抵漫长岁月。"唯有热爱,才会让人忘记时光雕刻下的印记,唯有热爱,才能在时光流淌中初心不改、热情依旧。因为热爱,我们始终坚守最初的那份信仰。建校以来,在新时代教育浪潮下,我们一直秉承着"为了实现每一个孩子的美好心愿"的办学理念,学校取得了长足发展的同时,也获得了学生、家长、社会的肯定。因为热爱,也让我们坦然面对各种困难和挑战,敢于走出"舒适区",勇于寻找"新天地"。

　　编写这本书,是基于三个关键考虑:一是记录本校在过去五年的办学历程,以过往在教育教学上的所得所思来铭记历史;二是以建校五周年为契机,在新的起点上对学校发展进行谋划和思考;三是加深师生和社会同仁对学校的了解,培育和积淀"心愿"文化气质,增强全体师生对学校的认同感和归属感。

　　全书除序言外,一共分为六章,涵盖了本校的办学理念、师生故事、课程实施、队伍建设以及家、校、社共育等多个方面,记录了建校以来的人物故事,描述了学校、师生成长过程中的感人情景和难忘故事。每一个片段被原声回放,在平淡中品读出动人的乐章。

　　从策划到定稿,我们经历了一个漫长而难忘的过程。蓦然回首,过去的一段时光紧张、充实而又充满感动。书中的每一篇、每一段故事都是每位"育贤人"的真实过往,是从众多素材中筛选出来的精华。无论是正文还是标题,都是几经易稿、反复推敲。虽谈不上是字字珠玑、篇篇锦绣,但是任何一段语句、任何一个文字都是编写人员心血的凝聚,寄托了每位"育贤人"的期望。这些文字见证了我们携手同行,见证了办学育人的日子和追逐梦想的岁月;这些文字,让我们常常回味,让我们把这份对生活的热爱,化为对教育的执著。

这本书汇集了全校老师的心血,也得到了学生、家长的鼎力相助,得到了区教育局、区教育学院领导和专家们的悉心指导,得到了出版社编辑们的大力支持。在此,我代表学校向所有为本书编写提供帮助和支持的人表示衷心的感谢,也诚恳地希望广大读者多多提出宝贵意见。

既往归零,重新出发。谨以此书,作为我们成长之路的共同印记,作为我们前进征程上的激励,师生共勉!

上海市奉贤区育贤小学校长　顾雪华

2020 年 10 月 5 日

学校整体课程规划的七个关键	978-7-5760-0424-3	62.00	2021年3月
课堂教学的30个微技术	978-7-5760-1043-5	52.00	2020年12月
教学诠释学	978-7-5760-0394-9	42.00	2020年9月
原点教学:提升区域育人质量的策略研究			
	978-7-5760-0212-6	56.00	2020年8月

学校课程发展精品丛书

学科课程群与全经验学习	978-7-5760-0583-7	48.00	2021年1月
育人目标与课程逻辑	978-7-5760-0640-7	52.00	2021年2月
学科课程与深度学习	978-7-5760-0505-9	52.00	2021年2月
学校课程的文化表情:百花园课程的学科指向与深度实施			
	978-7-5760-0677-3	38.00	2021年2月
学校文化与课程变革	978-7-5760-0544-8	62.00	2021年2月
语文天生重要:语文学科课程群设计	978-7-5760-0655-1	44.00	2021年2月
五育并举的课程体系:致良知课程的旨趣与探索			
	978-7-5760-0692-6	48.00	2021年1月
学科课程与育人质量	978-7-5760-0654-4	48.00	2021年1月
在地文化与课程图谱	978-7-5760-0718-3	46.00	2021年2月
中观课程设计与学科课程发展	978-7-5760-0624-7	36.00	2021年1月
大教学:英语学科核心素养培育的课程模式			
	978-7-5760-0462-5	46.00	2021年1月

特色学校聚焦丛书

不一样的生命,一样的精彩	978-7-5675-8675-8	34.00	2019年3月
童味正醇:特色学校的文化图谱	978-7-5675-8944-5	39.00	2019年8月

书名	ISBN	定价	出版时间
特色普通高中课程建设探索	978-7-5675-9574-3	34.00	2019年10月
儿童是天生的探索者:360°科学启蒙教育	978-7-5675-9273-5	36.00	2020年2月
做精神灿烂的教师:教师自我成长的5个密码	978-7-5760-0367-3	34.00	2020年7月
让教育温暖而芬芳	978-7-5760-0537-0	36.00	2020年9月
快乐教育与内涵生长	978-7-5760-0517-2	46.00	2020年12月
故事教育与儿童发展	978-7-5760-0671-1	39.00	2021年1月
美好教育:学校内涵发展的循证研究	978-7-5760-0866-1	34.00	2021年3月
把美好种进儿童心田	978-7-5760-0535-6	36.00	2021年3月
倾听生命的天籁:"天籁教育"的实践与探索	978-7-5760-1433-4	38.00	2021年9月
为了每一个孩子的美好心愿	978-7-5760-1734-2	50.00	2021年9月

跨学科课程丛书

书名	ISBN	定价	出版时间
大情境课程:主题设计与创意评价	978-7-5760-0210-2	44.00	2020年5月
社会参与素养的培育模型与干预机制	978-7-5760-0211-9	36.00	2020年5月
大概念课程：幼儿园特色主题活动设计	978-7-5760-0656-8	52.00	2020年8月
项目学习:进入学科的课程智慧	978-7-5760-0578-3	38.00	2021年4月

核心素养导向的课堂教学丛书

书名	ISBN	定价	出版时间
漾着诗性智慧的课堂教学	978-7-5675-9308-4	39.00	2019年7月
转识成智的课堂教学:核心素养导向的历史教学	978-7-5760-0164-8	40.00	2020年5月

学导式教学：学会学习的教学范式	978-7-5760-0278-2	42.00	2020年7月
高阶思维教学的关键技术	978-7-5760-0526-4	42.00	2021年1月
会呼吸的语文课：有氧语文的旨趣与实践			
	978-7-5760-1312-2	42.00	2021年5月
高阶思维教学的核心指向	978-7-5760-1518-8	38.00	2021年7月
磁性课堂：劳动技术课就这样上	978-7-5760-1528-7	42.00	2021年7月
核心素养导向的作业设计	978-7-5760-1609-3	40.00	2021年8月
语文，让精神更明亮	978-7-5760-1510-2	42.00	2021年9月
"六会"教学法：基于核心素养的课堂教学			
	978-7-5760-1522-5	42.00	2021年9月

特色课程建设丛书

教师，生长的课程	978-7-5760-0609-4	34.00	2020年12月
学校课程发展的实践范式	978-7-5760-0717-6	46.00	2020年12月
丰富学习经历：如歌式课程的愿景与深度			
	978-7-5760-0785-5	42.00	2020年12月
学科课程群设计方法	978-7-5760-0579-0	44.00	2021年3月
学校美育课程的立体建构：菁华园课程的逻辑与框架			
	978-7-5760-0610-0	36.00	2021年3月
关键学习素养与学科课程设计	978-7-5760-1208-8	34.00	2021年4月
学校课程设计：愿景建构与深度实施	978-7-5760-1429-7	52.00	2021年4月
生长性课程：看见儿童生长的力量	978-7-5760-1430-3	52.00	2021年4月
"慧阅读"课程：儿童视角	978-7-5760-1608-6	42.00	2021年6月
诗意栖居的课程愿景：智慧岛课程的逻辑与深度			
	978-7-5760-1431-0	44.00	2021年7月
每一个孩子都是最重要的人：V-I-P课程的内在意蕴与学科视角			
	978-7-5760-1826-4	54.00	2021年8月